中国经济为什么能



# 大国追梦

## REFORM

The Pathway
to National Rejuvenation

《经济日报》 著

新世界出版社
NEW WORLD PRESS

图书在版编目（CIP）数据

大国追梦 /《经济日报》著 . -- 北京 : 新世界出版社 , 2019.11
（中国经济为什么能书系）
ISBN 978-7-5104-6827-8

Ⅰ . ①大… Ⅱ . ①经… Ⅲ . ①改革开放—成就—中国—文集 Ⅳ . ① D61-53

中国版本图书馆 CIP 数据核字 (2019) 第 171315 号

# 大国追梦

作　　者：《经济日报》
责任编辑：孔德芳
装帧设计：贺玉婷
责任印制：王宝根　苏爱玲
出　　版：新世界出版社
社　　址：北京西城区百万庄大街 24 号 (100037)
发 行 部：(010)6899 5968　(010)6899 8705（传真）
总 编 室：(010)6899 5424　(010)6832 6679（传真）
http://www.nwp.cn
版 权 部：+8610 6899 6306
版权部电子信箱：nwpcd@sina.com
印　　刷：天津中印联印务有限公司
经　　销：新华书店
开　　本：787mm × 1092mm　1/16
字　　数：250 千字　印张：13.5
版　　次：2019 年 11 月第 1 版　2019 年 11 月第 1 次印刷
书　　号：ISBN 978-7-5104-6827-8
定　　价：38.00 元

## 编写组人员


组长　武力

组员（排名不分先后）

胡文鹏　李　瞳　郭存举　杨阳腾　谢国平

何　伟　李治国　王　晋　刘春沐阳

乔金亮　陈　静　赵淑兰

# 中国经济为什么能?

张小影
经济日报社社长兼总编辑

成为世界第二大经济体、第一大工业国、第一大货物贸易国、第一大外汇储备国，拥有世界最大规模中等收入群体为主要支撑的消费市场、全球最大的旅游市场、130多个国家（地区）的主要贸易伙伴，对世界经济增长的贡献率达到1/3，成为当之无愧的动力之源、稳定之锚……百年来多少仁人志士的图强梦想，中国做到了！

与之相伴的，是唱衰中国经济、鼓吹中国崩溃的噪音一直不绝于耳。世界赫然发现中国在全球经济衰退的旋涡中“风景这边独好”，以举足轻重的地位跻身世界外交和经济舞台前沿，“中国崩溃论”在沉甸甸的“中国答卷”面前业已崩溃。是什么让中国经济将“不可能的奇迹”继续下去？是什么让中国人民在各种危机挑战袭来之际奋发前行？是什么让社会主义中国成为“打破经济学教科书常规的国家”？简言之，“中国经济为什么能”，成为许多人心中的巨大问号。

“改革开放是决定当代中国命运的关键一招，也是决定实现‘两个一百年’奋斗目标、实现中华民族伟大复兴的关键一招。”40年前，中国共产党人从实际出发，从民心出发，“解放思想，实事求是，团结一致向前看”，吹响了历史转折的嘹亮号角，也开启了当代中国发展进步的活力之源。亿万人民张开双臂，迎接科学和教育的春天，创新创造热情涌动，沉重国门越开越大，无数企业家成长起来，参与世界范围内的竞争，中华民族大踏步赶上时代、引领时代。在贯穿40年的大逻辑里，就蕴含着"中国经济为什么能"的终极秘密。

这个大逻辑，就是实事求是、人民至上。它构成了中国特色社会主义的坚实内核。

实事求是，使得我们能够在科学把握规律的过程中创造性地推动制度变革。中国共产党人的伟大之处，在于兼具了真正马克思主义者的实事求是的态度和解放思想的勇气。"我国的社会主义社会还处于并将长期处于初级阶段"的形势分析，站在历史唯物主义的立场为市场经济的引入奠定了基础；"是否有利于发展社会主义社会的生产力、是否有利于增强社会主义国家的综合国力、是否有利于提高人民的生活水平"的判断标准，使人们思考问题从空泛的议论转向从实际效果出发；市场和计划都是"手段"，撕掉了长期以来贴在市场经济身上的资本主义标签，使社会主义市场经济由此成功破题，在40年的实践中，通过不断放大市场在资源配置中的作用，实现效率提高和财富增进，极大地解放和发展了生产力。时至今日，社会主义不仅没有被市场经济"和平演变"，反而在市场繁荣、经济飞跃中焕发出前所未有的生机和活力。铁的事实反复印证了一个坚定的判断——"中国不走这条路，就没有别的路可走。只有这条路才是通往富裕和繁荣之路"。

人民至上，使得我们能够在"千磨万击"中始终拥有最大动力引擎。过去40年的每一步创新、每一次突破，都曾遭遇继承和发展、当前与长远、渐进与闯关的两难选择，更有来自政治经济、国际环境以及自然界突发灾害的风险挑战。之所以每次都能顺利闯关，就是因为中国的改革从一开始就认清了自己的主体力量。亿万中国人从僵化沉闷中觉醒，锻造了眼光和胆识，开阔了视野和胸怀，积蓄了底气和追求，无数企业家成长起来，成为中国经济最活跃的细胞。改革发展成果更多更公平地惠及全体人民，社会大局在深刻变革中始终保持稳定，党和国家才能在各种风浪面前始终沿着正确航向前进。正是因为改革依靠人民、改革为了人民，才催动了社会主义中国焕发生机活力的强大引擎，并且始终保持了澎湃动力。亿万中国人的动能汇聚成中国经济的动能。为此，我们与新世界出版社共同策划了“中国经济为什么能”精品书系出版工程，将重心聚焦到人物身上。

在社会经济活动中，人的作用是最具主观能动性的，是最不可忽视的。中国的改革开放、经济发展，离不开广大人民群众的努力奋斗，离不开经济领袖人物的探索和表率作用，离不开女性企业家的贡献，离不开具有开拓精神和奉献精神的企业家，离不开具有创新精神的小微企业创立者。人的故事最具有打动人心的效果，最具有传播力和影响力，也最能够反映时代的变迁和中国人民追求中国梦、实现中华民族伟大复兴的精神力量。本书系以“中国经济为什么能”作为总的问题，将答案蕴藏在中国经济人物的各卷中，在讲述中国人的故事的同时，讲述中国经济的故事。

中国新时代，改革再出发。当前我们面临的挑战，从内部看，主要来自以下几个方面：第一，经济持续高速增长的阶段已经结束，开始迈向速度适中的高质量增长阶段，需要为更加健全和完善的社会主义市场经济体制提供制度保障；第二，经济高速发展过程中积累的一系列问题亟待解决，诸如环境资源、产业结构、城乡一体、就业、人口老龄化等。这些问题在发达国家历史上是几百年间递次出现的，而在中国，却是由于高速发展而把所有问题挤压到一起，增加了解决的难度和紧迫性；第三，在利益多元化的情况下，统筹协调各方、凝聚改革共识、实现有效治理，要比以往复杂得多。从外部看，中华民族伟大复兴的势能强劲，必然多角度、多层面地触动一些传统大国的神经，在这个比较敏感的阶段，处理对外关系必须注意目标、实力和手段的平衡。

如果说改革之初，我们面对的是九曲回环的“河”，未来，我们要跨越的将是波澜壮阔的“海”。从治国理政的角度看，我们党要集中精力，从谋求经济的高速发展转向统筹国际国内两个大局、引领经济社会协调发展，努力实现在本世纪中叶建成富强民主文明和谐美丽的社会主义现代化强国的奋斗目标。新的起点，新的长征，我们还要牢牢记取 40 年改革开放的成功经验，坚持实事求是，坚持人民至上，在“向着一个无人能够预言的未来前进”的征途上，在“中国为什么能”“中国经济为什么能”“中国共产党为什么能”的历史考卷上写下更为出色的回答。

# 目录
# CONTENTS

# 小岗之路

## 中国农村改革第一村纪事

经济日报 · 中国经济网采访组

小岗村街景

## 编者按

一个人口只有 100 多人的小村庄，却酝酿出了中国农村改革的一份宣言；一张有 18 个红手印的契约引发的蝴蝶效应，却演变成了一场惠及亿万人的改革巨浪。历史事件的重大价值和深远意义，往往随着时间的推移愈益彰显，经历实践的检验愈益明晰：1978 年，我国农民人均纯收入仅为 134 元，2017 年，这一数字猛增到 13432 元，后者恰好是前者的 100 倍！这一切的源头，正是在那个叫小岗的安徽小村里。

40 年前，发端于小岗村的“大包干”成为改革开放一声春雷……正是从那一年起，中国共产党领导亿万人民开启了改革开放这场决定中国前途命运的伟大变革，中国特色社会主义由此开启了伟大的实践征程。

习近平总书记曾盛赞小岗村的壮举："当年贴着身家性命干的事，变成中国改革的一声惊雷，成为中国改革的标志。"经历了40年气势磅礴、风驰电掣的发展，中国农村已站在了全新起点，正沿着全面小康的大道疾驰。小岗之路，就是中国改革之路。在改革开放40周年之际，重温"小岗精神"，回望小岗和中国农村改革的来路，无疑有着重要的现实意义和极强的针对性。

"小岗村当年的创举是我国改革开放的一声春雷"——2016年4月25日，习近平总书记来到安徽小岗村"当年农家"院落的"大包干"签字室时这样为小岗点赞。

40年前的这声春雷，冲破思想桎梏，唤醒沉睡大地。也正是从那一年起，中国共产党领导亿万民众，开启了改革开放这场决定中国前途命运的伟大变革。40年来，作为中国农村改革第一村的小岗村，随着改革的脉动，见证了中国农村的一次又一次发展跨越。

从改革开放初期的家庭联产承包，到21世纪初农村产业结构调整，再到如今的土地"三权分置"改革和农村集体产权制度改革，有领跑、有追赶、有同步，小岗村可谓是完整参与了中国农村改革发展的每个阶段。

### 按下红手印 搞起"大包干"

"我们分田到户，每户户主签字盖章，如以后能干，每户保证每户的全年上交和公粮，不再向国家伸手要钱要粮；如不成，我们干部坐牢杀头也甘心，社员们也保证把我们的小孩养活到十八岁。"

步入位于安徽凤阳小岗村的大包干纪念馆，给人印象最深刻的莫过于展墙上那放大的按有18个鲜红手印的契约。契约内容寥寥几十字，却震撼人心。40年前，这一纸红手印，成就了中国农村改革的第一份宣言，它掀开了改革开放的序幕。

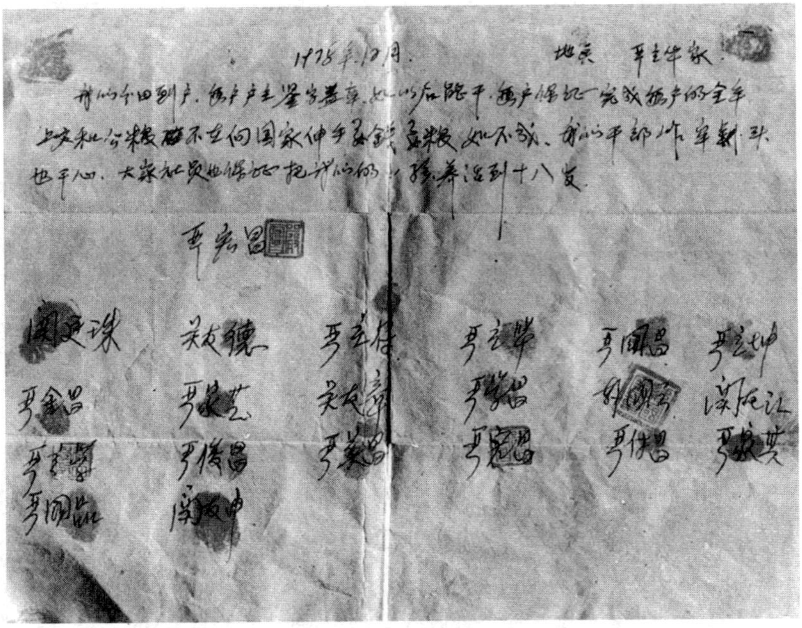
1978年12月.　地点　严立华家

我们分田到户，每户户主签字盖章，如以后能干，每户保证完成每户的全年上交和公粮，不在向国家伸手要钱要粮。如不成，我们干部作牢杀头也干心，大家社员也保证把我们的小孩养活到十八岁。

严宏昌

小岗村按有 18 个鲜红手印的分田到户契约。如今，这张 10 多厘米见方的纸片，作为改革开放的珍贵物证，静静陈列在国家博物馆

这是淮河岸边的一个普通村庄。1955 年成立互助组时，因地处岗地，起名“小岗互助组”，小岗由此得名。1978 年前的小岗村，是远近闻名的“三靠村”：吃粮靠供应，花钱靠救济，生产靠贷款。当时的小岗是梨园公社严岗大队的一个生产队。“泥巴房，泥巴床，泥巴锅里没有粮，一日三餐喝稀汤，正月出门去逃荒。”这句当年小岗人讨饭所唱的凤阳花鼓词，真实反映了那时的生活状况。

那时的小岗有 20 户人家，共 115 人，耕地 1100 亩，但适种面积只有 300 亩。大包干纪念馆里的图片，清晰地记录着小岗人当年的窘迫。1976 年的小岗，每人每天只有 6 两多的口粮，一个壮劳力辛苦一个月

赚不到 3 块钱。“那时，干多干少一个样，干好干坏一个样，大家生产积极性很低，社员普遍消极怠工。”“大包干”带头人严宏昌介绍，自 1957 年开始，全村年年吃国家供应粮，很多时候一年要吃 11 个月。

29 岁的严宏昌当上生产队副队长的 1978 年，凤阳发生了百年不遇的特大旱灾，粮食几乎颗粒无收，农民们更大规模地外出讨饭。

穷思变，变则通。在那个后来人尽皆知的夜晚，村西头一间低矮破旧的茅草屋里，严宏昌、严金昌等 18 个衣衫褴褛的村民就着微弱的煤油灯，酝酿着一件惊天大事。“一家妻儿老小，几天不烧锅。我父亲饿得就想吃一口芋头干，但我弄不来。”严宏昌说，为了活命，大家起誓，瞒上不瞒下，瞒外不瞒内，把田地分到各家，搞起了包产到户。他们冒死在契约上留下了红手印。如今，这张 10 多厘米见方的纸片原件，作为改革开放的珍贵物证，静静地陈列在国家博物馆。按手印的这 18 人中仍然在世的还有 10 人。

就在那晚，他们连夜将生产队的土地、耕牛、农具等按人头分到各家各户，搞起了“大包干”。严宏昌一家分得近 30 亩地，没有人再偷懒，一家老小没日没夜地在田地里干活。1979 年春节前，分到田地的小岗人想的不是怎么过年，而是扛起锄头、挑着牛粪，争着比着往自家的田里跑。第二年秋收后，严宏昌家里稻谷、花生、红薯堆得到处都是。小岗村里没人羡慕他，因为家家都丰收了。

这是在小岗村大包干纪念馆中至今仍然有据可查的史实：在很长时期内，这个贫瘠村庄一直饱受着饥荒之苦。但到了 1979 年，如同释放了魔力，小岗村的粮食产量由之前的每年的 3 万斤左右一下子增加到 13.29 万斤，相当于“文革”期间年均产量的 4 倍。

分田单干在当时并不符合政策，严宏昌明白，这件事弄不好就得坐牢。小岗人咬紧牙关死守着秘密，却不知这与以往大不相同的干活劲头泄露了“天机”。很快小岗分田到户单干的消息不胫而走。公社、县里的调查一个接着一个，要求他们必须重新合到一起。可小岗人铁了心要单干，哪怕不给贷款、不给农资和种子也不屈服。此后，不断传来反对“大包干”的声音。包产到户有着极大的争议，国家会怎么看、怎么办？严宏昌他们内心很忐忑。

在如今已年近七旬的严宏昌看来，小岗改革的火种得以幸存，得益于当时安徽省委的支持，特别是随后党中央的肯定。他回忆，时任安徽省委书记的万里同志专门来到小岗村考察，看见家家粮满囤，户户谷满仓，很是高兴。在严宏昌家开的座谈会上，万里对村民们说：“大包干只要能增产，不仅今年干，明年还要干，允许你们试 5 年。”4 个小时的座谈让干部群众吃下了定心丸。“要吃米，找万里”，这句在 20 世纪 80 年代初的中国大地上广为流传的话，与万里对小岗分田到户的支持密不可分。

“凤阳花鼓中唱的那个凤阳县，绝大多数生产队搞了‘大包干’，也是一年翻身，改变面貌。有的同志担心，这样搞会不会影响集体经济。我看这种担心是不必要的。”今天的小岗村民文化广场上，一本摊开的《邓小平文选》雕塑镌刻着这一讲话。这段话出自邓小平同志 1980 年 5 月《关于农村政策问题》的谈话。从那时起，有关包产到户的争论在全国范围内停了下来。

1980 年 9 月，中共中央印发了《关于进一步加强和完善农业生产责任制的几个问题》的通知。通知指出，可以“包产到户”，也可以“包干到户”，并在一个较长的时间内保持稳定，“大包干”从此有了全国“户口”。

在小岗人按下红手印前后，四川、甘肃、河南等多地农民也在想方设法摆脱体制痼疾，探索农业生产责任制。在安徽，凤阳县马湖公社实行“包产到组”，来安县、天长县一些公社建立“联产计酬”等责任制，肥西县山南公社小井庄干脆把地分到各户“先干一年再说”……到 1981 年底，全国已有 90% 以上的生产队建立了不同形式的农业生产责任制。

1979 年秋，分田到户后的小岗迎来大丰收

中央农办副主任、农业农村部副部长韩俊回忆说，从 1982 年到 1984 年，中央连续 3 年以“一号文件”的形式，对包产到户和包干到户的生产责任制给予充分肯定。此后，家庭联产承包责任制不断完善，最终形成农民家庭承包经营制度。

后来凤阳人把“大包干”编成歌谣，成为闻名全国的《大包干》歌：“大包干，大包干，直来直去不拐弯；保证国家的，留足集体的，剩下都是自己的。”让他们没想到的是，全国各地的人们蜂拥而至，纷纷来学习“大包干”经验。到 1984 年底，全国 569 万个生产队中 99%以上都实行了家庭联产承包责任制，人均粮食拥有量达到 800 斤，基本解决了温饱问题。

改革是从农村起步的，分田到户是农民的首创，当年贴着身家性命干的事，变成中国改革的一声惊雷。改革就是在“无人区”探路，小岗村以18个红手印标记了一个村庄在中国改革史上所能达到的高度。当然，小岗人也要感谢时代，感谢邓小平同志和万里同志这样的改革倡导者。

## 三按红手印 留住带头人

1993年，作为“小岗二代”的严宏昌之子严余山、严金昌之子严德双、关友江之子关正景相约到广东沿海打工。他们一下子便被城市里矗立的高楼大厦、夜色中闪烁的霓虹灯所震惊，严余山跟记者回忆说：“那是小岗人从没看到过的景象，深深感觉到自己落后了。”1995年，严金昌全家合力给儿子盖了一栋二层小楼，这在全村算是很早的。不过，从平房到楼房的转变，小岗人慢了些。

在首创“大包干”后，小岗村的经济发展在一段时间里却滞后了，村民增收乏力。那时，乡镇企业发展如火如荼，不少农村地区快速壮大集体经济，村民率先致富。而此时的小岗村，躺在“大包干”的功劳簿上，存在小富即安的思想，对外界的支持产生了依赖感，奋斗精神日渐不足。

中国社科院农村所一位长期跟踪调研小岗村的专家为记者分析了其中的原因：小岗村较偏远，地理位置、自然条件欠缺，村民缺乏一种凝聚力、向心力，再加上贫穷导致的不重视文化教育，村民受教育水平整体低下，使其摆脱小农意识的难度大，合作意识不足，闯市场的能力比较弱。此外，最关键的是，那时候的小岗缺乏一个团结的、有战斗力的领导核心，缺少一个好的带头人。

1997年11月，在外界牵线下，江苏省张家港市长江村与小岗村东西经济合作共同发展工程启动。对小岗村村民来说，最关键的有两件事：长江村投资20万元支持小岗村农业产业化发展；长江村出资，小岗村出工，共建友谊大道。至此，一条宽22米、长1公里的水泥公路“友谊大道”诞生。在之后很长一个时间段，这条大道成为小岗人跟外界联系的“主动脉”。

2000年，小岗村挑选了20多个年轻人到长江村学习技术。2001年，长江村润发集团在小岗村投资建设占地80亩的高标准葡萄示范园，在示范园的带动下，小岗村不少农民都种植了葡萄，总面积达450亩。这是经小岗村农民自愿、有偿流转而兴起的第一片“试验田”，小岗人迈开了现代农业结构调整的步伐。

小岗立足“农”字，但也要试水办企业。严余山试图续写他父亲当年的“创业梦”。不过，对他来说，回乡创业之路也不是一帆风顺。2000年，经过一段时间的筹备，回到小岗的严余山在村里办起了加工厂。企业红火了不到半年，就遭遇“滑铁卢”：瓶盖厂、电表厂接连夭折，50万元投资变成了一堆不到两千元的破铜烂铁，“我当时还不知道有‘投资环境’这四个字”。遭遇挫折的严余山失望地离开小岗村。

当时有一组数字令小岗人感到压力：2002年，山西大寨村经济总收入突破1亿元，农民人均收入达到4000元；河南南街村在1.78平方公里的土地上创造出年产值14亿元的奇迹；而此时，小岗村人均收入只有2100元，离小康标准相距甚远。“羡慕那些明星村，更羡慕他们有好的带头人”，这是当时多位“大包干”带头人的心声。

针对小岗发展的瓶颈和群众的期望，上级党组织向小岗村派出村党支部第一书记，从强班子开始着手解决小岗村发展慢的问题。在以第一书记沈浩为代表的村两委带领下，小岗从一度迷茫中奋起，发扬“大包干”精神，再度开启新局面。

“既然来了，还后悔吗？要退缩吗？绝不！我相信小岗绝大多数党员、干部、群众是不满意现状的，是想改变的。有了这一点，就是做好

小岗村党支部第一书记沈浩

小岗工作的基础。”沈浩在2004年2月22日的日记中写道。作为安徽省财政厅的一名干部，沈浩当时39岁。2004年，他被选派为安徽第一批下派农村干部，赴凤阳县小岗村任村党支部第一书记，为期3年。

在来到小岗村后的第一次支部会议上，沈浩指着账本上的“3万元的集体欠债、全村人均收入2300元”的字样，掏出心里话：“小岗村起了个大早，却赶了个晚集。一夜越过温饱线，20年没跨过富裕坎。小岗一定要发展，不发展不行啊。”

走马上任后，沈浩走进家家户户聚拢民心，跑遍沟沟坎坎了解村情。他花两个月的时间，把全村100多户人家挨家挨户跑了个遍，与大家促膝谈心：小岗村只有发展才能富裕。他带着36个村民去几个当时著名的先进村参观，一路走一路讨论：与先进村比，我们的差距在哪里？“当时考察完后，大家都觉得很惭愧，小岗落后了。在返回的路上，我们就开会讨论，下决心招商引资办工厂。”严金昌说。

沈浩清醒地认识到，小岗不具备其他发达地区农村改革典型得天独厚的自然和经济条件，小岗发展只能立足村情，因地制宜，绝不能生搬硬套别人的模式。他为小岗制定了发展现代农业、开发旅游业、招商引资办工业的“三步走”思路。

沈浩在小岗村开展土地流转的第一个项目，是建立200亩的养猪场，很快见到了效果。此后，他带领农民发展黑豆、蔬菜和甜叶菊种植；新建了大包干纪念馆，“当年农家”景点和农家乐餐馆，发展红色旅游和乡村旅游；不断招商引资，小岗面业、乡村培训中心、从玉菜业等企业签约落户小岗。就这样，农业、旅游、工业一步一步发展起来。

他还首创了大学生民兵连。2005 年 6 月，当 12 名大学生陆续走进小岗村并加入了民兵组织的时候，小岗村民兵结构和务农队伍悄然发生了变化。大学生民兵在小岗村建起了双孢蘑菇大棚基地，当年收入达 42 万元，吸引了附近农户加入。

2006 年，严余山第二次回到小岗村，注册了安徽小岗节能科技有限公司。他的回归是应沈浩的邀请。上次离开小岗是在 2002 年，此后严余山看到上海申办 2010 年世博会成功，瞄准基础设施建设的商机，次年 6 月便转战上海，做起建材贸易。这一次，严余山取得了成功。他的成功吸引了沈浩的注意，真诚邀请他回乡创业。严余山又在小岗开设了公司，坚持了 3 年，主要做节能产品。

沈浩带领小岗推进改革发展致富，让小岗的面貌变了个样，人气大振。2006 年，小岗村人均收入超过 5000 元，这是沈浩任职的第三年。“好带头人来之不易”，抱着这样的想法，严金昌和当年的伙伴们又凑到了一起。这些当年连坐牢都不怕的人，这一次却担心沈浩走，他们说怎么也要把沈浩留下。这个当年以 18 个红手印揭开中国农村改革大幕的小村庄，再次摁下一纸的红手印，他们要留住沈浩。几天后，一纸摁着 98 个村民红手印的“请愿书”递到了合肥，请求让沈浩在小岗再干 3 年。

2007年10月，沈浩和村两委聘请安徽省城乡设计研究院编制了《凤阳县小岗村新农村建设规划》。规划涵盖了村域主导产业、村庄布局、基础设施、公共服务、环境保护等各方面。

在沈浩的第二任期里，大学生民兵得到新的发展。2008年3月，滁州市委、市政府和滁州军分区在小岗村大包干纪念馆内举行了“小岗村大学生民兵班”成立仪式，苗娟等9名大学生庄严地进行了入队宣誓，并在决心书上按下鲜红的手印，宣告中国农村第一个大学生民兵班——“小岗村大学生民兵班”诞生。当时的报章评价说，这走出了一条“当新民兵、做新农民、建新农村”的路子。

2008年，村内标志性的改革大道正式通车。这一年，小岗村农民人均收入达到6600元，高出凤阳县农民人均水平2000多元，比安徽省人均水平高出39%，是沈浩初到小岗村的3倍。

转眼就是2009年秋，沈浩的第二个3年任期又要期满了，小岗人再次坐不住了。严金昌试探着问：“说实话，你还愿不愿留下来？”沈浩笑了：“只要你们欢迎，我愿意一辈子留在小岗！”9月24日，小岗村又摁下了186个红手印，要求再次挽留沈浩，在他们给安徽省委组织部、省财政厅的信中写道：“国家政策再好，没有一个好的领头人是不行的。而沈浩同志正是我们小岗村的一位好的领头人。请求省委组织部、财政厅把沈浩继续留在小岗村……”这纸红手印，寄托了小岗人富起来的梦想。

2009年11月6日凌晨，年仅45岁的沈浩因积劳成疾在小岗村猝然去世。噙满泪水的小岗人又一次按下红手印，请求将他永远“留”在小岗。“大包干”带头人们请求上级允许村民为沈浩立一座雕像，放在大包干纪念馆里，让他永远和小岗村人在一起。

如今，沈浩在小岗期间临时租住的宿舍成为沈浩陈列室二楼展厅的一部分。记者参观时，宿舍原封不动地保留着他的遗物，包括一份《时限表》、工作日记，以及沈浩收藏的书籍等大量实物。

作为典型的中国农村，小岗在一段时期的发展滞后是事实，有了好的带头人又跑出了加速度也是事实。挽留沈浩的三次红手印与最初的18个红手印，都代表了中国农民对改革发展的向往和对美好生活的期望，也是党心民心团结一心的见证。

## 两个350元 改革再出发

从2012年起，小岗村以“美好乡村示范村”为标杆，以“经济繁荣、生活富裕、环境优美、民主和谐”为目标，全力实施50项重点工程，努力实现小岗“大变样”。数据显示，党的十八大以来，小岗村迎来了发展最快的时期。2017年小岗实现村集体收入突破820万元，农民人均收入比2012年增长70%以上。

实施美好乡村示范村以来，小岗村把村民从散落的村庄搬进新区，规划建设村民新居1002套，大部分新居建成并投入使用，还通了自来水、天然气和宽带。随着基础设施条件的改善，村域面积达2.25万亩的小岗村村容村貌发生显著变化。

村容村貌的变化没有让小岗人改革发展的脚步停下来。2015年7月8日，安徽省农村土地承包经营权确权登记首批颁证启动仪式在小岗村举行。18位小岗村民代表领到崭新的《农村土地承包经营权证》，小岗村再次走在全省农村改革的前列。土地有了“身份证”，小岗人不仅可以放心流转土地、拿租金，还可以入股、分红利，到银行抵押贷款等。如果说“大包干”让小岗人吃饱了饭，那么确权登记颁证则让小岗人吃下发家致富的定心丸。

2016年4月，习近平总书记在小岗村主持召开农村改革座谈会并发表重要讲话。他说，在小岗村召开这个座谈会，具有特殊意义。小岗村是农村改革的主要发源地。在小岗村“大包干”等农业生产责任制基

小岗村民领到了全省首批土地确权证书

础上形成的以家庭承包经营为基础、统分结合的双层经营体制，是我们党农村政策的重要基石。他强调，解决农业农村发展面临的各种矛盾和问题，根本靠深化改革。新形势下深化农村改革，主线仍然是处理好农民和土地的关系。他勉励小岗的干部群众，希望小岗村继续在深化农村改革中发挥示范作用。

农村改革座谈会在小岗召开后，严金昌家的农家乐“金昌食府”，生意更火了。总书记亲切看望了这位“大包干”带头人，并点赞说，“农家乐，乐农家”。严金昌特意洗了张大照片挂在“金昌食府”重要位置做纪念。“以前都是大家主动找我提问，但我觉得我更有义务宣传小岗，让更多人了解小岗，以后我会在游客开饭前给大家讲一讲小岗的故事。”

严金昌说：“我家的 30 亩地现在全部流转，每亩地租金 800 元；养老、医疗费用都由村里出，生活越来越好。农家乐生意不错，平均每天有 10 桌旅客，最多时有 20 多桌。去年，农家乐收入有 12 万多元，今年可能会到 15 万元。”

2017 年 10 月 18 日，严金昌一家人在“金昌食府”里观看党的十九大开幕会直播。“党的十九大报告给大家吃了定心丸，二轮土地承包到期后再延长 30 年，让我更安心，可以一心一意搞农家乐。”早已流转出全部土地、从事农家乐的严金昌，观看直播时格外兴奋，“我准备在后院空地上再建一栋三层小楼，建特色民宿，落实好乡村振兴战略”。

小岗村持续推进农村集体产权制度改革，成立了“村企一体”的小岗村创新发展有限公司，负责集体资产的经营管理。2016 年起，小岗村开展“资源变资产、资金变股金、农民变股东”三变改革试点工作，通过成立组织、清产核资、成员身份界定、配置股权，成立集体资产股份合作社并发放股权证，村民变成了股民。

据介绍，小岗村集体资产股份合作社以现有经营性资产和部分品牌的无形资产，打包折算为 3026 万元，以占股 49% 与小岗村创新发展有限公司合作经营，按股比分红；将 3026 万元作为合作社总股本，按界定的 1028 户 4288 名集体经济组织成员数折成等额股份，人均股份 705 股，量化股权到人。

就在今年 2 月，小岗村 4288 位村民作为股东每人领到 350 元的分红款，是上一年的股民分红。这在小岗村的历史上是第一次。为什么是 350 元？ 2017 年，小岗村创新发展有限公司通过入股组建公司等按股分红，运营小岗品牌收取使用费，加之培训教育收益、旅游收益、资产运营等，小岗村集体收入和村民人均可支配收入达到 820 万元和 18106 元，比上年增长 20.5% 和 12%。核算后，给村集体资产股份合作社分红 156.8 万元，按照股份合作社章程，给每个股民分红 350 元。

“这里有一个巧合。今年小岗分红，村民每人领到 350 元。39 年前，也就是发生在这片土地上的‘大包干’第二年，小岗粮食产量增加 4 倍，农民收入增长 16 倍，村民人均收入从上年的 22 元跃升到 350 元”，小岗村党委第一书记李锦柱说，从 1979 年的 350 元，再到如今的 350 元，

小岗村历史上的第一次股民分红，“大包干”带头人严金昌展示自己的红包

的确是一个巧合，巧合背后是持续推进、不断深化的农村改革。

农业农村部原经管司司长张红宇表示，农村集体资产股份权能改革，是小岗实现人人分红的制度供给。从 350 元再到 350 元，折射着小岗农村改革发生的新飞跃。变的是经济形态，不变的是农村基本经营制度。

新形势下深化农村改革，离不开农村产权制度的改革创新。今年 5 月，安徽省农村综合产权交易所小岗村服务站揭牌，推动小岗村农村产权交易活动步入规范化轨道，让集体资产保值、增值。为实现“小田变大田”、“一家一块田”、探索“股田”制等多种形式的土地经营方式，小岗还开展了土地股份合作社土地入股改革。

今年 7 月，小岗村举行“兴农贷”首批贷款集中放款仪式，9 位农户利用手里的集体股份股权证书作抵押，获得 90 万元贷款。小岗村创立风险补偿基金“兴农贷”，由小岗村创新发展公司、中国农业银行凤阳县支行、凤阳县中都融资担保公司合作共同出资，小岗村首期出资

2018 年 5 月，安徽首个农村产权综合交易所在小岗村挂牌

200 万元。

改革开放 40 年来，农村改革的步伐从未停止。新世纪以来进行的农村土地经营制度改革，无论是“三权分置”抑或“三变改革”的试点，都是调整农民与土地关系的尝试。近年来，小岗持续担当全省的农村改革探索先锋，不断推进农村宅基地制度改革试点、小型水利工程管理体制改革、土地股份合作试点……

改革是农村发展的动力，“变”是小岗村的常态，从包产到户到土地流转再到股份合作，每一截农村改革的历史断面，几乎都可以在小岗找到注脚。与最初的改革所不同的是，今天小岗的农村改革是在法制的轨道和国家顶层设计下进行的，可谓蹄疾步稳。

## 新 18 户带头人 发力现代农业

“一路走来，小岗村发生了翻天覆地的变化，但经济发展还是不尽如人意。党的十九大报告提出实施乡村振兴战略。小岗村的振兴，一定要靠小岗人自己，要坚定发展现代农业，培育新型职业农民，搞适度规模经营。”严余山说，当年 18 位“大包干”带头人掀起了中国农村改革的大幕。如今，新成长起来的 18 户致富带头人正通过自身的发展引领着小岗村民走上致富大道。小岗在发展现代农业上更有底气了。

当年，土地由“合”到“分”，是解放生产力的必然要求；如今，土地由“分”到“合”，是发展生产力的内在需求。在小岗走访，种粮大户、养殖大户、家庭农场主等一批思想活跃、敢想敢干的新型职业农民让记者印象深刻。50 岁、40 岁、30 岁，老中青三代，他们正深刻改变着农村的面貌。目前，小岗村共流转土地 8932.88 亩，占全村可耕土地面积的 65.3%；全村共培育农民合作社 20 个、家庭农场 3 家、龙头企业 2 家。

55 岁的程夕兵是小岗村远近闻名的种粮大户，他在小岗农村改革座谈会上做了发言。2014 年，他从土地流转中看到机遇，开始尝试通过土地流转进行规模化粮食种植。2016 年，程夕兵种了 270 亩水稻，大部分实现丰产，平均亩产超过 1000 斤，总产达 27 万斤，实现纯收入 20 万元。目前他正积极筹建烘干房和制米厂，从种到收再到加工一条龙，打造专属的小岗粮食品牌。

“‘大包干’以来，我们一直是传统种植模式，未来要从传统农民向新型农民转变”，程夕兵深知，现在种粮跟过去不一样了。“开始流转土地的时候，我就贷款购置农业机械。”程夕兵说：“现在除了施肥，从平整土地开始，到育苗、插秧、打农药、收割、烘干，全都实现了机械化。”2017 年，土地规模扩大到 500 亩，他还成立了一个农机合作社，投资购进两组大型烘干设备，每天可烘干粮食 6 万多斤。“向周边大户提供社会化服务可以获得收益，一年能增收 8 万元。”

40 岁的殷玉荣是小岗村养殖大户，2016 年获评小岗村致富带头人。目前，她的养殖场年出栏仔猪、肥猪共 800 头左右，年销售收入 50 余万元。“以前在外打工时，看到村里人在家乡发展越来越好，我便按捺不住回村创业的想法。”

2015 年下半年，殷玉荣的养猪场开始赚钱。虽然“第一桶金”只有三四万元，但足以让殷玉荣欣喜若狂。2016 年，随着行情的好转，殷玉荣赚到了自己人生中第一个 50 万元。她终于证明了自己。现在，殷玉荣的养猪场已经有了稳定客户，不愁销路。她自己也经常帮助村民解决技术和销售问题，带动大家发展规模养殖。

31 岁的村民杨伟，1987 年出生在小岗，2004 年在福建参军入伍，服役八年后，2012 年从部队复员。“老丈人在浙江当物业经理，我也可以选择在外工作。但离开家乡八年，回来后就不想走了。看到家乡变化很大，各项事业发展都很好，我就放弃了出去打工，决定留下来，这里的机会更适合我。”于是，他带着媳妇返乡创业。2013 年他流转了 20 亩土地，开始种植西瓜、蔬菜，但效益并没有想象中好，一开始还亏了。

“我发现小岗游客多，又是 4A 级景区，搞观光采摘型农业应该有市场，但西瓜不适合带走，应该种一些能让游客参与又方便携带的，于是想到了草莓。”就在大包干纪念馆对面，杨伟的 20 亩大棚草莓安下了家。一拨又一拨大巴车拉来游客，人们循着香味走进草莓棚，体会采摘乐趣。去年，在县里的支持下，杨伟注册了凤阳县新时代家庭农场，当年的纯收入达到 8 万元。如今，小孩在小岗学校读书，一家人对生活很满意。

对内要积极培育新型职业农民，对外要与各类新型农业主体合作。像其他农村一样，小岗村也经历过种植业效益不断下降的阵痛。为了改变农业不强的状态，小岗村持续深耕现代农业，开展“高校＋集团＋农村”合作，推动产业素质不断提升。

小岗村口路西的北大荒集团现代农业示范区内，水稻长势喜人。这是由黑龙江农垦七星农场和小岗村共同建设的水稻示范园区。2017 年下半年起，黑龙江农垦派专门团队入驻小岗村着手实施。今年 2 月开始施工，农场技术人员克服重重困难，经过 4 个月的努力，完成了土地清理、平整及引水等一系列“旱改水”工程，于 6 月高标准完成了水稻插秧，在弃种多年的黄土岗栽培出了水稻。

“我们选择了适合当地的‘南粳 9108’和‘深两优 3117’两个水稻品种。虽然只有 500 亩，但完全按照优质米目标模式化管理，规范农业环境、全程智能机械化作业及物联网信息化管理。”七星农场负责人赵明武说，这 500 亩示范田是现代水稻种植的展示窗口，一系列主推技术都将在这块田里进行示范。

在大示范田里还分出了小示范田。目前小岗村正全面提升 4300 亩高标准农田质量，并从中开辟出 88 亩耕地，由安徽科技学院张从宇教授的团队打造示范基地。记者在田边看到了示范基地的科技重大项目介绍牌，内容是以有机物料化肥替代技术实现化肥减量增效，目标为作物增产 5% 以上，土壤地力提升 1 到 2 个等级，而化肥使用率则降低 20% 以上。作为扎根小岗多年的农业专家，安徽科技学院小岗村现代生态农业研究所所长张从宇教授对这片土地再熟悉不过。如何提高农田的生态效益和经济效益，是他一直努力的方向。去年，团队开始试验“虾稻共养”，已经产出了“稻鸭共生软香米”，一斤可以卖到 8 元。

除了生态种养模式，团队还搭建了农业物联网。在基地，人们可以看到类似农业气象站一样的设施，实时显示田间温湿度、日照等信息，通过手机就能实现远程实时监控和操作。

拓展产业链离不开农产品流通，时下最火的莫过于农村电商。小岗村也认识到了这一点，积极培育农村新业态，开展电子商务进农村综合试点。村里与北京一家企业合资成立小岗科技有限公司，于 2017 年开通“互联网 + 大包干”电子商务平台，前期入驻 50 多户农民，一年多来，平均每户增收 3000 元，近期新增了 200 个用户，争取实现小岗村 1000 余户全覆盖，为每个农户创收 1 万元以上。

“我们为每一个农户开通单独的网店，入驻农户都有一个二维码，客户扫描任何一个二维码都可以进入网上商城，下单购买小岗村的农产品。”小岗科技有限公司总经理王辉介绍，这是个精准通道，利用互联网技术解决农民产品销售问题，让小岗村的特色产品与城市消费者直接建立联系，给小岗村所有农户赋能。

中国要强，农业必须强。中国要富，农民必须富。近年来，小岗村踏着新时代的改革节拍，内育外联、引资引智，扎根现代农业、培育新型农民，从小岗村到小岗牌，从农业供给侧改革到推进乡村振兴战略，小岗依然是观察中国“三农”的一扇重要窗口。

## 实施乡村振兴 弘扬“小岗精神”

2018 年 4 月，农村改革座谈会在小岗召开两周年之际，小岗举行乡村振兴动员大会，全面启动小岗乡村振兴计划。会后举行的小岗乡村振兴项目集中签约仪式，更让村民倍感振奋：陕西省延川县与小岗所在的凤阳县结为友好县，梁家河村与小岗村签订合作协议开展结对共建；深圳易事特电源股份有限公司与小岗村签订合作协议……

“近几年小岗村虽然在产业发展上取得了一定的成绩，但规模和层次还比较低，离产业兴村、强村的目标还有差距。迫切需要农业产业化项目的加入，提升小岗产业发展整体实力。”凤阳县经开区管委会建设局局长郭保连说。

站在小岗村外，记者看到，一万平方米标准化厂房、110 千伏电力

小岗村村民正在收割粮食

改造等项目正在建设中，产业园框架基本形成。据了解，该产业园占地约5平方公里，重点建设绿色（有机）食品加工园、农业科技创新园、农业企业博览园、现代农业观光区等六大功能片区。依托产业园，小岗村先后举办两批项目集中签约和开工活动，盼盼集团、北京恩源、安徽农垦、安徽凤宝粮油等10余个项目落地。

走访村干部，不难发现，今天的小岗尤其重视重点项目建设。小岗干部学院二期主体完工，10月份投入使用；小岗生态农业综合服务中心项目烘干厂房、粮库、育秧工厂主体完工，综合科研楼、物联网办公楼等正加快施工；农民文化乐园主体框架已完成，大戏台改造项目投入使用……大家介绍起来滔滔不绝。

2018年元旦后，一个名为“小岗青年创业交流”的微信群里，展开了一场颇有“火药味”的讨论。这个30多人的微信群群主是严余山，群里有小岗18位青年创业之星，还有远在上海、北京等地工作的年轻人，他们都希望能为小岗新的发展增砖添瓦。严余山现在的身份是中共小岗村党委委员，负责村里的扶贫和青年工作。

严余山为何又回来了？2014年的一天，严宏昌给儿子严余山打了一个电话，希望他回来。“父亲说，你一个人富了不算富，能带动一帮人富了才叫富。而且父母年龄也大了，需要照顾。”于是，严余山在公司撤了股，轻松返乡创业。这次，他创办了一个农产品网店，售卖家乡的各类土特产。记者到访的时候，看到他家里堆了大大小小不少快递盒子。“这同时也能给小岗打打广告。”严余山说，网店目前主要由妻子打理，每天订单有上百件。

家里的书柜中，摆放着严余山的专利证书，如“高效光学节能工矿灯”“光学节能泛光灯反射罩”等。类似的发明专利，他有几十项。“这些年我一共注册了5家公司，不管是在哪个城市，公司名称里都有小岗两个字。”严余山说，他是小岗人，这个品牌让他受益，他要努力为这个品牌添彩。

今天的小岗村让人欣喜，村外是一排排蔬菜棚、一方方鱼塘，村里是修葺一新的二层徽式小楼，青砖黛瓦，还有宽阔明净的水泥路。村民广场前三五个老人围坐着拉家常，装修的店铺、施工的凉亭，无不勾勒出新时代乡村的活力。中国农村改革第一村的品牌影响力，也让小岗村获得全国十大名村、中国幸福村、中国乡村红色遗产名村、全国生态文化村、全国旅游名村、全国红色旅游经典景区、中国美丽休闲乡村等一系列称号。

记者走访时，严余山的女儿严海月刚考上安徽财经大学，马上就要拿到村集体的升学奖励。严海月说，村里曾很长一段时间没有初中，孩子们只能去周边乡镇上中学。“2012年，我小学毕业，正好赶上小岗小学开设首届初中班，改名小岗学校。随着师资实力的增强，在外地上学的学生转回来了不少，班上学生慢慢多起来。”严海月是从小岗学校初中部毕业的首届学生，考上了凤阳一中。近年来，村里对子弟考上本科、硕士、博士等都有数额不等的奖励。

富裕起来的小岗村，各项社会事业发展更有底气。他们投入380万元完善小岗学校软硬件设施，新建了一座少年宫，提高教师待遇，奖励优秀学生，补贴校车费用，教学质量明显提升……

“一夜跨过温饱线，20年未过富裕坎”，这曾是外界对小岗的印象。李锦柱坦言，小岗村在全国率先解决温饱问题之后，不只20年，而是有30年的徘徊，这是不可回避的事实。“在当时的经济条件下，人才、资金、交通等不能进村，你想有突飞猛进的发展，那不现实。”他说，其实小岗村在“大包干”后的发展轨迹，也正是中国多数乡村发展的缩影。但“小岗精神”及小岗村“敢为人先”的改革锐气，在现今的全国农村改革发展和实施乡村振兴战略过程中，仍可以发挥重要作用，值得发扬传承。

采访中，小岗村民们常跟记者说起的一句话就是发扬小岗精神。干部群众已习惯把“解放思想、求真务实、敢闯敢试、勇于创新”的“大包干”精神与“扎根基层、忘我工作、服务群众、锐意改革”的“沈浩精神”并列，作为构成“小岗精神”的两座丰碑和核心内涵。

“当前，村里正在规划小岗未来的发展方案。”李锦柱介绍说，在这份蓝图中，小岗村的目标是建成“一二三产业融合，景区、社区、园区融合的特色小镇，生产、生活、生态融合，创新、创业、创意融合的田园综合体”，成为乡村振兴的示范。他认为，改革创新是小岗的基因和底色，今年是改革开放40周年，而最好的纪念就是更有力地推进改革。一个三产融合发展的新小岗村正加快成长。

作为改革开放的一个缩影，小岗村翻天覆地的变化让人感慨万千。实践证明，唯改革才有出路，改革要常讲常新。今天我们仍然要发扬“小岗精神”，敢闯敢试、勇于创新，这是攻坚克难、闯关夺隘的利器，也是不断抵御风险、化危为机的法宝。

## 结语

改革开放只有进行时、没有完成时。当年，小岗村的 18 户村民以“敢为天下先”的精神，在一纸包产到户的“秘密契约”上按下鲜红的手印，拉开了中国农村改革的序幕，由此产生的家庭联产承包解放了农村生产力，解决了中国亿万民众的温饱问题。如今，时光流转，发展现代农业，开拓乡村旅游，鼓励农村电商，唤醒沉睡的集体资产……小岗村又一次站在了农村改革的前沿，站在新的历史起点上。小岗村正意气风发，与千千万万个中国乡村一道，行进在全面建成小康社会的新征程上。

（采访组成员：乔金亮 白海星 文 晶；执笔：乔金亮）

# 蛇口春雷

## 历久弥新的“时间就是金钱，效率就是生命”口号

经济日报 · 中国经济网记者 杨阳腾

1982 年招商局蛇口工业园区竖立的标语牌

## 编者按

深圳经济特区作为改革开放的“试验田”和“窗口”，曾诞生过许许多多突破思想束缚、催人奋进革新的口号，‘时间就是金钱，效率就是生命”就是其中之一。这句口号折射出的“发展就是硬道理”“追求效率”理念，是经济特区突破重重阻力、杀出一条血路精神的集中体现。这个口号的提出，犹如一声直叩人心的春雷，令人振奋，给人希望，至今仍释放着强大的感召力。

“时间就是金钱，效率就是生命”，这句讲时效、重实干的口号，在今天看来不过是稀松平常的一句话，可在1979年，经由广东蛇口提出，释放出一个强劲的思想冲击波。在当时，“左”的思想令很多人无所适从，社会上视金钱、效率为禁忌。正因如此，简练、有力的“时间就是金钱，效率就是生命”提出后，时人誉之为“冲破旧观念的一声春雷”“划过长空的第一道闪电”。

“时间就是金钱，效率就是生命”在机声隆隆的工地上出生，在不绝于耳的争议声中长大。它的“准生证”是我国改革开放总设计师邓小平颁发的，它的“成人礼”在天安门广场上的国庆大典中完成。书写有这句口号的牌子，在历史的风雨中几经竖起拆下，但至今依然屹立不倒。第四块写着这句口号的牌子甚至由国家博物馆收藏。这句口号迸发出冲破层层束缚的力量，更是深深地镌刻在了波澜壮阔的改革开放进程中。

## 一节生动的现场教学课

“时间就是金钱，效率就是生命”的提出者，是被称为“蛇口之父”的袁庚。

这句口号并不是一时灵光乍现的产物，而是袁庚在生前创建蛇口工业区的过程中长期积累、长期思考的结果。最早让袁庚受到启发的，是他在香港上的“第一课”，袁庚曾多次在不同场合讲述过那次令他深有感触的经历。

1978年10月份，袁庚调任交通部香港招商局常务副董事长。初到香港，就被上了生动的“一课”，“授课”的是一位香港企业家。当时为了业务发展，招商局需要在香港购买一栋大楼。袁庚与卖主谈妥后，约定在星期五下午2时预付定金2000万港币。“当天下午2时，袁庚准时到达律师楼，卖主也如期而至。没想到，卖主的汽车停在门外都没熄火，只等双方在律师楼办完交易手续拿到支票，就立即安排专人坐汽

袁庚同志 1978 年时的工作照

车直奔银行。”招商局历史博物馆、招商局档案馆馆长樊勇对每个细节都如数家珍。

这位卖主为什么要这样争分夺秒？原来，第二天就是星期六，银行不上班。如果星期五下午 3 点之前支票不能交给银行，卖主就要损失 2000 万港币的 3 天存款利息。

“当时浮动利息是 14 厘，3 天的利息就是几万港币。”袁庚后来回忆这段往事时曾感叹，当时在内地的很多人完全没有时间观念、理财观念。受到触动的袁庚举一反三，迅速在企业开展财务检查。这一查问题还真多：不少子公司不及时进账，有人把支票搁在保险柜里过夜不当回事。袁庚随即换掉了责任人员，加强财务整顿。仅抓及时进账这一项，就使招商局收益状况改善不少。

可以说，一堂生动的现场教学课，让“时间就是金钱”的观念在袁庚脑海中萌芽。“‘时间就是金钱’，这句话不是我发明创造的，中国古话就说，‘一寸光阴一寸金’。”袁庚曾这样说。“时间就是金钱，效率就是生命”这一观念发酵、成型，源于在蛇口工业区的火热实践。

招商局历经百年沧桑，身为香港招商局第29代掌门人，时年61岁的袁庚希望将招商局发展成为一个多元化的大型跨国公司。为此，袁庚提出了“立足港澳、背靠香港、面向海外、多种经营、买卖结合、工商结合”的二十四字经营方针。根据当时国际市场特点，袁庚认准了两条：一是必须扩大船舶修造业务；二是必须增加中流作业能力。前者需要增设浮船坞，后者需要增加驳船仓库，兴建集装箱码头，两者都需要场地。

袁庚带领招商局同事四处奔走，可在万商云集、寸土皆金的香港寻找一块物美价廉的地皮谈何容易。当时，香港繁华地带的地价，仅次于日本东京银座，每平方英尺（0.0929平方米）1.5万港币，郊区工业用地也要每平方英尺500港币以上。袁庚他们又想在澳门试一试，但当时澳门电力不足，港口水浅，一时难以发展起来。

天无绝人之路。袁庚想，为何不到与香港隔水相望的广东省宝安县？宝安县是袁庚的故乡，蛇口工业区的最终选址就在宝安县蛇口南头半岛。据史书记载，6000多年前，这里便有了刀耕火种的人群繁衍生息，南宋名臣文天祥千古绝唱中的伶仃洋也在附近。

鞠天相所著《争议与启示——袁庚在蛇口纪实》一书中记述，1978年11月下旬，袁庚在香港向时任交通部部长叶飞汇报了想在蛇口筹建工业区的构想，叶飞当场表态：起草报告，与广东省联合上报中央。1979年1月6日，广东省革委会（时称）与交通部联名向国务院呈报了《关于我驻香港招商局在广东宝安建立工业区的报告》。报告称，在临近香港的蛇口建立工业区，既能利用内地较廉价的土地和劳动力，又便于利用国际资金、先进技术和原材料，把各方有利条件充分利用、结合起来。工业区拟从1979年上半年踏勘测量设计，下半年开始建设，1980年上半年建成投产。

1979年1月31日，农历正月初四，春节上班后的第一天，袁庚和交通部副部长彭德清跟随国务院副总理谷牧，一起向中共中央政治局常委、副主席、国务院副总理李先念汇报。在招商局档案馆里还保留了当天李先念、谷牧和袁庚、彭德清的谈话记录。当时，袁庚汇报说，只要中央点个头，在报告上面签个字，这块地皮价值就大大提高了。先念同志说："好，我批！"于是先念同志批示道：拟同意，请谷牧同志召集有关同志议一下，就照此办理。

这一天，李先念用铅笔在袁庚带去的地图上划出了一块地方，这便是蛇口南头半岛。1979年7月8日，蛇口工业区开山第一炮爆响。如果说，党的十一届三中全会是制定了我国改革开放的总方案的话，那么在封闭了几十年的中国大地上，蛇口工业区开工建设是真正打响了开放和改革的第一炮。

改革开放之初，国人对时间、效率的态度普遍淡漠，耻于谈及。"时间就是金钱，效率就是生命"，这句几乎是伴随着蛇口而生的口号，从提出开始，就有着鲜明的时代性和超强的针对性。只有尊重时间，尊重效率，才能以时不我待的紧迫感和使命感，在封闭了几十年的中国大地上，书写改革开放的新篇章。

## 4 分钱惊动中南海

"袁庚曾讲，我为什么提'时间就是金钱，效率就是生命'？当时国内没有市场观念、时间观念、效率观念。从计划经济向市场经济转变，首先思想上要变革，不能再用老思想面对新问题。"樊勇回忆道。

那时候，建设工业区需要引进外资，招商局必须先期投资弄好"五通一平"，也就是通水、通电、通车、通航、通电讯和平整土地。这需要将大量的建设材料运进蛇口，但当时蛇口的码头只有小船才能靠岸。在荒山野岭的蛇口半岛，当务之急就是新建600米长的顺岸码头。可是，当时来自制度和人才方面的困难，超出了蛇口建设者的预计。

1978年的蛇口，是隶属于广东省宝安县的一个公社，宝安撤县改为深圳市，是蛇口工业区成立一个多月后的1979年3月5日，深圳经济特区的建立则是1980年8月26日。当时，一条20多米宽的深圳河隔开了两个世界：河北岸的宝安县，一个农民的年收入只有143元，可20多米外的香港，农民的年收入有13000港币。按照当时汇率折算，相差70倍之多。同时，蛇口的青壮年很多都跑去香港发展，留下来的都是老人小孩。收入差距巨大的背后，是整个经济发展和思想观念的差别。时间观念差、不讲经济效益、办事效率低、平均主义、铁饭碗、大锅饭等制约着改革开放之初的蛇口。

1979年8月份，交通部四航局承建蛇口工业区首项工程蛇口港。梁宪是蛇口工业区第一届管委会委员，以袁庚的智囊著称。据梁宪回忆，当时蛇口的工程局、施工队全是国有的，吃大锅饭，建设港口码头的钱是从香港贷款来的。“招商局的人很急，但施工队不急，一二十米远的距离，一天就开泥头车拉二三十车，什么时候才能把这个码头填好啊？钱什么时候收回啊？”

那时，工人收入主要靠工资，奖金仅是辅助，分5元、6元、7元三个等级。工人对每月几元奖金兴趣不大，工作干劲不高。为了调动工人的积极性，提高工作效率，四航局工程处决定实行超产奖励。具体做法是每部车每天的劳动定额为55车，完成定额后每车奖2分钱，超出定额部分每超一车奖4分钱。实行新的超产奖励后，工人劳动积极性大涨，每人每天能够运八九十车。不仅如此，工人们还主动要求加班加点，实行每天工作12小时的大班制。

600米长顺岸码头中的150米，原计划1980年3月底完工，实行超额超产奖励后，施工速度加快，结果提前一个月竣工并交付使用。根据蛇口工业区后来的统计，在实行超产奖励的1979年10月份到1980年3月份，工业区多创产值130万元。

这样提高效率的奖励办法在当时却引起了一场争论，有反对者认为这是“滥发奖金”，行之有效的奖励被有关部门勒令停止，工作效率也低了下去，直接影响到了工程进度，使得蛇口首次出现了完不成月计划的现象。

在向上级部门递呈报告的同时，袁庚请来了记者写了内参，将情况汇报给时任中共中央总书记胡耀邦。在今天招商局历史博物馆的展示墙上，就有《胡耀邦总书记、谷牧副总理对蛇口工业区超产奖问题的重要批示》复印件，在这份批示中，胡耀邦口气颇为严厉：“为什么国家劳动总局能这么办？交通部也这么积极？看来我们有些部门并不搞真正的改革，而仍然靠作规定发号施令过日子，这怎么搞四个现代化？”

“4分钱”惊动了中南海。在中央领导的支持下，蛇口工业区获准继续实行超产奖励办法。此后，招商局先后在蛇口港码头、华益铝厂、华美钢厂等工程项目中实行形式各异的奖励办法，大大激发了工人积极性，加快了施工进度，缩短了工期。“大锅饭”的分配制度由此也走上了改革之途。

尽管蛇口工业区的工程建设采取了一些与以往大不相同的方式，比如选择施工单位、议定工程价格等，但吃了几十年的“大锅饭”，路径依赖的力量不可低估，拖延工期、质量不合标准的问题在蛇口屡有发生。如何突破计划经济体制下那种僵化的体制，袁庚想到了沿用香港地区和国外的做法——工程招标。1980年，蛇口工业区在基础施工建设中率先引进了招标制度，这也是蛇口最早全面推行的一项改革举措。第一个招标项目是蛇口铝材厂，由一家日本承包商中标。此后，蛇口工业区主要工程先后采用招标方式发包，除内地施工单位外，日本、美国等国家或地区的建筑商都纷纷参加竞标，外商中标率约为10%。1984年8月份，蛇口工业区公布实施《工程招标管理办法》，将工程招标制度固定了下来。

1986 年，蛇口工业区五湾突堤码头工程招标会现场

1981 年春天，蛇口工业区“五通一平”一期工程基本竣工，建设指挥部正式更名为招商局蛇口工业区管理委员会，引发 4 分钱奖金争议的 600 米顺岸码头也已正式投入使用。这一年 6 月份，《人民日报》全文刊载了一篇新华社电讯稿《蛇口工业区建设速度快》，首次提出了蛇口方式。此后，蛇口方式又演变为蛇口模式，并在日后与“深圳速度”“苏南模式”等一起，对深化改革开放起到了重要的示范作用。

“蛇口很多做法是创举、突破，是特事特办的。现在回头看，做这些事情，需要有敢为人先的精神。别人不敢踩的雷敢踩，别人不敢打破的框框敢打破。”樊勇介绍道。

的确如此，“先有蛇口后有深圳”，不仅是说蛇口创办时间早，更意味着很多改革经验、改革办法也先于深圳，是在蛇口先期试行并逐步成熟后才慢慢推广到各个经济特区，进而辐射全国的。也因此，蛇口又被人称为“特区中的特区”。

蛇口在企业改革、管理改革上有很多创举，这其中包括了 1981 年改革劳动用工制度。效率和公平是一对矛盾体，但在蛇口的合资企业中，效率和公平如同一枚硬币的两面，相生相伴。1980 年的中集公司劳动力协议，在允许企业开除工人的同时，已经明确规定，企业支付一定比例的费用，由蛇口劳动服务公司统筹提供医疗、养老等社会保障。蛇口也成为我国最早建立社会劳动保障制度的地方。1982 年在全国首次公开招聘人才，开始干部人事制度改革；1983 年试行管理体制改革；1984 年推行住房制度改革；1985 年试行民主选举工业区领导人制度；1985 年，蛇口成立了专门的社会保险公司，这是我国第一家由企业成立的社会保险机构，也是今天平安保险的前身……蛇口曾经创造了 24 项全国第一，这些第一如今已多数沉淀成为当下我国经济生活的一部分。

4 分钱，不可谓多，可它最终却惊动了中南海。这主要是因为看似不起眼的 4 分钱背后，是对“大锅饭”“铁饭碗”“平均主义”等旧有观念的强力冲击。这一举动，正好说明设立特区的必要。何为特区？就是特事特办，别人不敢踩的雷敢踩，别人不敢打破的框框敢打破。只有这样，才能杀出一条血路。

## 标语牌“四立三拆”

从革命年代，到建设时期，全国出现过许多经典的脍炙人口的口号标语，在不同时期产生过特殊的重要影响。当袁庚在蛇口面对体制和观念的阻力，他一方面不断寻求对旧体制、旧制度的突破，一方面也认识到，从香港到蛇口，虽是一水之隔，但两地思想观念上却有天壤之别。

袁庚很看重思想建设。这位 40 多年党龄的老共产党员，认为高速发展的蛇口急需一个富有凝聚力和号召力的口号，这个口号不能假大空，要符合蛇口特色，推动蛇口建设。

1981年3月份的一天，袁庚坐船从香港赶往蛇口，趁着空闲，他在船上涂涂写写，最后写下了“时间就是金钱，效率就是生命，顾客就是皇帝，安全就是法律，事事有人管，人人有事管”这6句口号，并拿给同行的招商局董事总经理梁鸿坤和招商局资料室日文翻译李炳盛看。梁、李二人都认为口号不错，确实能把蛇口工业区的精神概括起来。

在随后召开的工业区干部大会上，袁庚宣读了这6句口号，得到大多数与会者的赞同，但也有与会者对“顾客就是皇帝”提出异议，认为共产党把顾客当“皇帝”不大好。当天的会议结束后，袁庚一行离开蛇口返回香港。临走前，他叮嘱蛇口工业区副总指挥许智明将口号制成标语牌竖在工业区里亮相，让大家都能看到，都能引发思考。许智明找到旅游文化服务公司总经理邹富民，安排美工在一块三合板上用红油漆写上“时间就是金钱，效率就是生命”，并第一次在蛇口竖立起来。

口号一亮相就引发强烈震动。标语中的两个词比较敏感，一是“金钱”，二是“效率”。在当时金钱一向被认为是资本主义的追求，社会主义鼓励的是大公无私。效率的提法也不寻常，因为在计划经济体制下，平均主义和“大锅饭”是常态，突然有人提出“效率”，而且把它当成“生命”，很多人不习惯。

此时，有关经济特区是否要继续办下去的争论很激烈，不少人指责经济特区与“租界”没啥两样，“只剩下五星红旗是红的”。袁庚为了大局着想，示意暂时把牌子拆下来，放到仓库里。从竖立到拆除，第一块标语牌面世仅3天。

1981年11月底，袁庚给招商局企业管理培训班的学员上课，再次谈到这句口号，在培训班学员中引发热烈回应，在这次讲课过后的一个星期天，谭筑熙等6名培训班学员，在当时蛇口最热闹的商业街——华苑酒家门前的小广场上再次竖起标语牌：“时间就是金钱，效率就是生命，事事有人管，人人有事管”，比第一块木牌多了两行字。

1982年的春天，一场针对改革开放的非议再次出现，“姓社姓资”

之争不断扩大。面对严峻形势，袁庚考虑再三，再一次让人将这块牌子拆除。一年过去，对于改革开放的非议稍微转淡。1983 年 8 月份，时任蛇口工业区宣传处副处长周为民又想起了这句口号，他认为这句话如同晨钟暮鼓，引领蛇口人以全新的观念与光阴赛跑，促进蛇口人在改革开放中不断锻造新的辉煌。宣传处用了一个星期，制作了比前两块大许多倍的巨幅标语牌“时间就是金钱，效率就是生命”，将其立在港务公司门前。

在 1984 年前的蛇口，“时间就是金钱，效率就是生命”的标语牌，每一块存在的时间都很短。“那时人们耻于谈钱，你还竖牌子，把时间就是金钱挂起来，当时在蛇口是引发争论的。”樊勇介绍说。在改革开放之初，虽然“时间就是金钱，效率就是生命”只有 12 个字，却事关“姓社姓资”的路线之争。

1984 年春节，邓小平南下视察深圳、珠海等沿海经济特区，这次视察也被称为“第一次南巡”。邓小平是我国改革开放的总设计师，是经济特区的命名者，也是最重要的推动者之一。“实践是检验真理的唯一标准”大讨论已经过去了 6 年，创办经济特区也有两年多时间了，这次南巡就是要看看经济特区的实践到底是否经得起检验。

得知邓小平要亲临蛇口，袁庚等蛇口工业区负责人很振奋。在做足所有的接待工作之后，袁庚布置了一项紧急任务，要求工程公司连夜加班，做出一块“时间就是金钱，效率就是生命”的标语牌，立在当时从深圳市区进入蛇口的分界线上。

蛇口工业区办了 5 年，这条路到底对不对？“时间就是金钱，效率就是生命”究竟是对是错？袁庚想从改革开放总设计师口中得到一个答案。1984 年 1 月 26 日早上，经过通宵加班赶工，一块巨大的广告牌伫立在从深圳通往蛇口的路口，蓝底铁皮板上写着 12 个大字：时间就是金钱，效率就是生命。

事实证明，邓小平对深圳和蛇口的改革开放建设是满意的。在这次视察后，邓小平为深圳经济特区题词：“深圳的发展和经验证明，我们建立经济特区的政策是正确的。”1984 年 2 月 24 日，邓小平在与中央领导谈话时，有这样一段寓意深刻的话：“深圳的建设速度相当快……深圳的蛇口工业区更快，原因是给了他们一点权力，500 万美元以下的开支自己做主，他们的口号是‘时间就是金钱，效率就是生命’。”邓小平的一锤定音，消除了当时围绕着口号的种种争议，也给袁庚吃了一颗定心丸。

得到邓小平的肯定和赞许，“时间就是金钱，效率就是生命”的口号从此广泛传开，这句最能体现改革开放精神的口号，逐步成为人们的广泛共识和行为准则，被誉为“第一声春雷”。1984 年 10 月 1 日，中华人民共和国成立 35 周年的国庆庆典上，写有“时间就是金钱，效率就是生命”的蛇口工业区彩车驶过天安门。这句口号从此响彻全国，家喻户晓。

1984 年 3 月份，在北京召开的沿海部分城市座谈会上，中央领导明确提出，“蛇口的管理经验，要在各特区推广”。在 20 世纪 80 年代，蛇口作为“特区中的特区”，中央领导纷纷视察，各地参观学习的人络绎不绝。“没有中央领导的支持这个事情是做不成的。因为这种开放改革的整个政策不是自下而上的，是自上而下的。”梁宪说。在蛇口工业区早期建设的 20 多年间，有近百位党和国家领导人踏足蛇口，有的领导人来过多次，最多的是谷牧，先后视察蛇口达 18 次。蛇口的经验也因此被总结、提炼，成为中央决策和政策的重要参考，推动了我国改革开放的进程。

“时间就是金钱，效率就是生命”标语牌，从几立几拆到获得中央领导同志肯定，最终在中华人民共和国成立 35 周年的国庆庆典上亮相，给时人带来的观念冲击和思想转变可以说是巨大的。标语不仅宣示了蛇口对时间金钱、效率生命的鲜明态度，更表明了蛇口对改革开放、干事创业的无畏担当。

## 蛇口流传的三个笑话

在蛇口曾流传着 3 个真实的笑话，都发生在蛇口工业区建设早期。一是英国剑桥大学派访问团访问蛇口，工业区一位干部很谦虚地问，你们是“建桥”大学，主要建造多大的桥啊？二是美国商务代表团参观蛇口，工业区一位干部笑容可掬地问对方，英国人是讲英语，请问你们美国人讲什么语？第三个是谷牧视察蛇口时，一位干部汇报说，刚到香港考察，思想有很大的变化，不只是 180 度的转弯。谷牧笑问：那是多少度啊？这位干部认真地说，是 360 度的大转弯。谷牧笑着说，同志，那你转到

1984 年，在北京参加国庆巡游的蛇口工业区彩车

哪里去了？

这些笑话，袁庚在不同场合多次讲过。笑话的主人公实有其人，但人们讲的时候都隐去其名，不想揶揄这些在改革发展中立过功劳的老人。袁庚讲这三个笑话有其特别用意。当时，正在建设中的蛇口工业区是一种全新的尝试，需要新知识新思想的人才和管理干部。当时，香港通行的做法是招考聘任制，袁庚想借鉴香港的办法，在蛇口做一次尝试，在几十年铁板一块的单位体制上打开缺口。

1979 年 11 月份，邓小平在一次讲话中专门谈到人才问题，强调要破格选拔人才，不能按照老规矩办。根据邓小平讲话精神，4 个月后，谷牧在广东福建两省汇报会上，谈到蛇口工业区的问题时，首次提出一个崭新的概念，“择优招雇聘请”，并说“你们要把蛇口工业区先办好，就可以取得一些经验”。参加会议的袁庚大喜，两天后致信谷牧，希望在允许招聘、招考和解雇之外再加上一条，对应聘应考专业人才，所在单位不要为难，谷牧当天批复同意。

当下，人员流动是一件很正常的事，但在 20 世纪 80 年代，所有人都是一个萝卜一个坑，很多人跳进那个坑里可能就会待一辈子。袁庚想摆脱干部对企业的人身依附，他认为这样才能让人才得到最大的自由发挥。他采用了两种办法，一是冻结，交通部冻结向蛇口工业区派干部。二是招聘，在全国范围内造势招聘干部。

1981 年，蛇口工业区在广州、武汉、北京等地，以企业管理培训班招生的名义刊登招聘广告，公开招聘干部。王潮樑是武汉地区唯一通过笔试和面试的人。由于招录到的干部调动困难，原定 1981 年 10 月 20 日开学的第一期培训班，不得不推迟开学。即使如此，在开学以后，仍有学员陆陆续续报到。

1981 年 12 月 8 日，后来被称作“蛇口黄埔军校”的企业管理培训班在简陋的教室里举行了一场迟到的开学典礼。袁庚在典礼致辞的第一句话就是“我对不起诸位，把大家骗来了”。培训班 40 多名干部一时间不知道他葫芦里卖的什么药。袁庚说，蛇口工业区什么都没有，只有沙子和海水，如果我们干不好，就只能吃沙子喝海水。“我是一个大冒险家，你们是些小冒险家，我在全国范围内把你们这些小冒险家网罗到蛇口工业区来，我们来冒一些险，搞一些改革。”

从内地到蛇口，尽管大家有备而来，但仍然不同程度地存在着转变观念、更新知识、扩大视野等众多实际问题。为此，袁庚举办的企业管理培训班实行一年学制，除了英语、粤语、驾驶、外贸实务、企业管理等外，还有一些专题讲座，最主要的任务就是解放思想。培训班曾请过加拿大多伦多大学的心理学教授江绍伦来讲授心理学。当时有人质疑，为什么要请资产阶级学术权威来散播唯心学？袁庚笑笑答道，西方学者把人类行为学植入经济管理中，作为一门学科来为企业经营者服务。把“效率”和“满足感”放在经济学中来考察，也有可借鉴之处嘛。

但6个月后，学员们便以崭新的面貌，奔赴各自的岗位。袁庚提前半年初步实现了他举办培训班的目的：培养蛇口工业区急需的中级管理人员，使之适应改革开放的形势，具备国际交往的能力。

为了进一步释放人才潜力，袁庚主张取消干部等级制度并实行聘用制，不分身份，不分等级，职务随时可以调整变动。顾立基是第二期培训班班长，“文革”后的第一批大学生，在清华大学曾发起成立了学生经济管理爱好者协会，并在1981年成为北京海淀区人大代表。当时，招商局在北京设点，专门负责毕业生招录，在北京出差的袁庚翻看学生资料时对顾立基感兴趣便亲自上门“考察”。顾立基回忆与袁庚的谈话时说：“当时他讲了改革开放，招商局需要有一批人跟他一块儿突破体制，给我印象最深刻的是，他说整个体制像一堆螃蟹，你钳着我，我钳着你，谁都动不了，谁都别想动，招商局在蛇口工业区就想解决这个问题。”

1983年，蛇口工业区领导班子调整，中层干部青黄不接。顾立基、周为民等4名学员，仅仅培训半年后便提前毕业，走马上任。工业区正式启动干部制度改革，实行聘任制。作为工业区招考引进的第一名干部，这一年 11 月份，王潮樑被任命为“海上世界”总经理。

“海上世界”是由一艘豪华游轮“明华轮”改装而成。“明华轮”1964 年诞生于法国，因戴高乐总统曾坐过而闻名于世，后来被广州远洋公司买下。1983 年 8 月份，“明华轮”完成最后一次航行后，袁庚用 300 万元将它迎到蛇口。经过整修改造，成为集酒店、娱乐为一体的我国第一座综合性海上旅游中心。“海上世界”一经推出，就风靡深圳，是游客必到之处。1984 年 1 月 26 日，邓小平在蛇口视察最后一站就是这里。

被任命为“海上世界”总经理仅仅 3 个月后，王潮樑就体会到了什么是能上能下。“我被解聘的事还上了《人民日报》。”王潮樑回忆，“开头我都能背出来了：在深圳蛇口有一个著名的‘海上世界’，前不久它的总经理被解聘了，这个人作风正派，工作辛苦，但是没有做出开创性的事业，所以被解聘了。这就是新的蛇口观念。”

“蛇口的观念创新在改革中起到了引领作用，有了思想观念的解放，才会有执行层面的创新和思路。”樊勇介绍说。除了“时间就是金钱，效率就是生命”，蛇口流行过的口号还有“大胆走，莫回头”“空谈误国，实干兴邦”等。

一个体制是一项项制度的制约和协调，有的改革已经发生了，有的还没有发生，便成为制度瓶颈。当蛇口进一步招商引资，开始全面建设的时候，面对的已经不单单是奖金制度、招标制度，它还必须面对用工制度、干部制度、住房制度、社会保障制度等几乎所有框框的制约，蛇口工业区被倒逼着一件一件去改、去试。

改革开放初期，房子是困扰我国千家万户的“老大难”问题，也是蛇口开发区早期不得不面对的一大难题。在改革人事制度的第二年，蛇口正式启动了住房商品化改革，蛇口也成为我国最早实行房地产改革的地方。

1981 年，蛇口第一批职工住宅竣工，当时蛇口职工的收入要远远

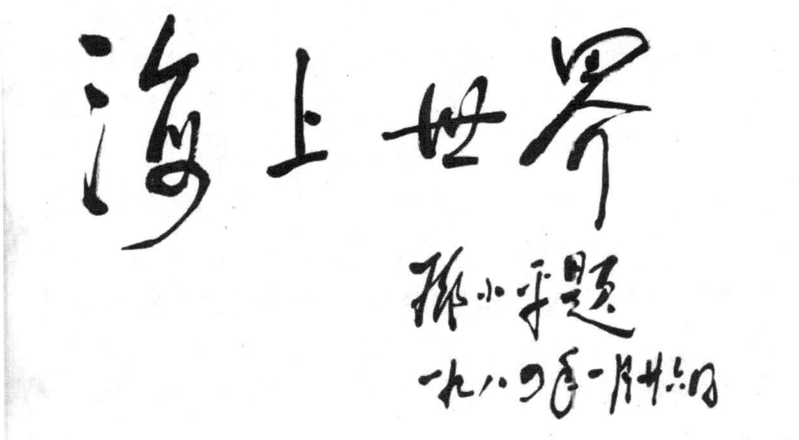


邓小平同志为“海上世界”题字

高于全国其他地方，而蛇口的职工住房也一改过去低收入、低房租的老路，开始采用成本核算的办法，实行按质按量论价，由职工自由选租，从国家包供给、低房租的“大锅饭”制度转变到按成本计租。当时，内地一套房的月租金不过三五元钱，但在蛇口三室一厅的房子月租金是五六十元，约占职工月收入的四分之一。这样一来，蛇口的很多职工宁愿住小房子也不住大房子，宁愿住楼层采光差一点的丙类房也不愿意住甲类房，甚至出现了领导住房比普通职工小的现象。

随着工业区的建设推进，蛇口的人口也越来越多，住房需求量越来越大。1984 年 12 月份，蛇口工业区在全国率先实行租售结合的住房商品化改革。在提高房租让人感到租不如买的同时，鼓励职工购买住房并将回笼的资金投入建造新房，实现资金良性滚动。在 1984 年蛇口的一份房改文件中还出现了首付、月供、土地使用年份、房产权等新名词。

1980 年，邓小平在一次与中央领导谈话中，曾经提出了住房制度改革的一个构想核心，内容就是：逐步实现住房商品化。在实践中最早走出这条路的就是蛇口。4 年后，深圳经济特区开始房改，全国的住房改革，是在 1998 年才真正全面铺开。为什么又是蛇口？“其中一个简单的答案，就是因为招商局是一个自负盈亏的企业，蛇口房改的动力离不开企业的贷款压力、资金压力。回头看当时的房改、实行干部聘任制，其背后有一个共同的主线，就是要摆脱铁板一块的单位束缚，从旧的僵化体制中把人解放出来。”樊勇介绍说。

当年蛇口突破重重阻力甚至冒着巨大风险实行的改革，很多在今天看来已是再平常不过的事了，可在当时，其主要目的就是打破计划经济的束缚，解决企业没有自主权的问题。随着蛇口经济发展和企业权力增加，袁庚开始考虑权力的束缚问题。在干部监督问题上，后来袁庚常常引用一句话，说权力导致腐败，绝对权力绝对导致腐败。

早在 1980 年，邓小平就曾经讲过，之所以过去发生各种错误，不是说个人没有责任，而是说领导制度、组织制度问题更带有根本性、全局性、稳定性和长期性。这些方面的制度好，可以使坏人无法任意横行，制度不好可以使好人无法充分做好事，甚至会走向反面。“在蛇口开发的前几年里碰到了数不清的障碍，这些障碍看起来是经济问题、观念问题，是每一个具体的人的问题，但最后都归结到了一些根本性的制度问题。”樊勇介绍说。

“当时我们事业发展起来了，招商局这边有银行、酒店等等，就开始考虑几万人怎么监督？”梁鸿坤回忆，1983 年 4 月份，蛇口工业区第一届管委会宣布正式成立。袁庚在成立大会上说，从现在开始，将废除干部职务终身制，以后每届任期两年，每年一次民意测评，信任票数不超过半数者立即下台。

新任命的管委会委员，平均年龄 46 岁，知识结构、学历、观念等方面符合袁庚的期望。一年后的 1984 年 4 月份，第一届管委会首次民意测验，300 多人参加，收回信任票 295 张，7 名委员全部过关。

举大事者，人才为先。干改革开放这样伟大的事业，更需要一批又一批立场坚定、谋虑深远、敢闯敢拼、实干苦干的人才。为吸引贤能，蛇口“大胆走，莫回头”，突破了用工薪资制度、干部任用制度、职工住房制度、社会保障制度等方面条条框框的制约，摆脱铁板一块的单位束缚，从旧的僵化体制中把人解放出来。

## 一份闻名全国的小报

蛇口当时办过一份全国有名的报纸，叫《蛇口通讯》，首任总编辑是韩耀根，一篇《该注重管理了——向袁庚同志进一言》的稿子，被称作是开了当代中国新闻史的先河，其舆论监督锋芒所向，一时轰动大江南北。

韩耀根认识袁庚是在 1983 年，当时他是一名记者，负责特区和蛇

蛇口街头的流动投票车

口的新闻报道，在一次采访袁庚时，他建议袁庚办一份报纸，为改革开放鸣锣开道。1984 年年末，蛇口工业区筹办报纸，韩耀根正式加盟。当年 12 月 30 日，《蛇口通讯》出版了试刊第一号，韩耀根任总编辑。

1985 年 2 月 5 日，《蛇口通讯》创刊第二期出版，袁庚和韩耀根有过一次谈话，这次谈话引发了一系列十分有名的报道，进一步解放思想观念，展现出开放的环境和氛围，并对我国的新闻界产生了巨大的冲击力。“袁庚说，舆论要敢于批评不称职的干部，蛇口一些做得不到位的事情你照样可以登报。但批评稿要有父母之心，这样干部也就能够接受得了。他还特别强调，包括他自己本人也可以批评。”韩耀根坦言，当时听到这话一方面很振奋，一方面又有所疑虑，对于是否真的能对袁庚本人在报纸上公开批评，韩耀根还是有点不大相信，但他想试一试。

1985 年 2 月 28 日，署着“匿名”的《该注重管理了》一文出现在《蛇口通讯》第三期上。这封信在列举了蛇口工业区的惯例问题之后，还引用了袁庚发明的口号：“效率就是生命，效率来自于管理，工业区管理倘若长期落伍，就会丧失生命力。袁庚同志，请您学习一下管理，注重一下管理，好吗？”在这篇“重磅炸弹”的下面，报纸还配发了一篇评论《恐惧，告别吧》。这个评论是韩耀根根据与袁庚的多次谈话内容整理。在袁庚看来，免于恐惧的自由，要把人的能量在改革中释放出来。要做到这一点，整个企业的透明度要增加，知情权也要增加。

《该注重管理了》在蛇口并没有掀起太大的波澜，却在蛇口之外的地方形成了冲击波。包括《人民日报》在内的全国性大报和不少境外媒体纷纷报道和转载，袁庚一夜之间成为闻名全国的新闻人物。一个月后，《蛇口通讯》试刊第四期，发表了《进一言的前前后后》。一年后，这篇文章和《该注重管理了》以及《恐惧，告别吧》一起，高票获得 1985 年度的全国好新闻特等奖，但当时的《蛇口通讯》尚没有正式的刊号。

据梁宪回忆：“诺贝尔化学奖获得者、美籍华人李远哲从美国到香港访问，曾经向袁庚提问，你们招商局办蛇口工业区的初衷是什么？袁庚明确地回答，我们想在最靠近香港的地方，拿出一块地方来做实验，来证明共产党管理经济，或者管理企业，也是能够获得好的经济效益的，有效率的，也可以使社会繁荣起来的，使人们生活富裕起来的。”

今天的蛇口工业区已经回归了企业身份，蛇口从行政区域上归属于深圳市南山区。袁庚主持的招商局在蛇口工业区的试验，为我国的改革开放提供了借鉴，也促进了人们的思考。从 20 世纪 80 年代开始，曾有学者批评袁庚，认为李先念给了袁庚整个蛇口半岛，但袁庚只要了 2.14 平方公里，要得太少了。2004 年，袁庚曾在接受媒体采访时说，自己最后悔的一件事就是当年没把蛇口工业区“划得更大一些”，感叹自己当年思想不够解放。世人总喜欢脱离当时的环境，评判当时人物，往往

蛇口通讯

《蛇口通讯》编辑部印

试刊第3号 1985.2.28

新春伊始 万象更新

袁庚鼓劲 牛年牛劲

好消息：今年工业区全部投资将大于历年总和。

奇消息：蛇口镇一户渔民除夕放掉爆竹十万头。

新消息：黄宗英除夕从京带回《蛇口人》亮相。

本报大年初一专讯 新春伊始，万象更新。今天早晨九时，袁庚同志在工业区春节团拜会上说：牛年要有牛劲。

袁庚同志报告了一条好消息：今年工业区建设要大大加快，全部投资将大于历年总和。他

团”。蛇口镇上的渔民早已今非昔比。除夕之夜，爆竹放得最多的，就是蛇口镇上的老百姓。有一户渔民，放掉了十万头爆竹。

参加团拜的蛇口工业区各方面负责人一齐观看了都乐文化娱乐公司拍摄的《蛇口人》毛片。

该注重管理了

——向袁庚同志进一言

袁庚同志，

首先向您本人和由您领导开拓的蛇口工业区的事业表示由衷的敬意！

我是一名仰慕您的威名而投奔蛇口的青年，来此已有二年多了。这二年间，蛇口在全国的声誉与日俱增，在一些人们的心目中越发光辉夺目了。然而，在我和一些生活在蛇口的青年人心目中，忧虑的阴影却也在不断地扩大。我希望能借《蛇口通讯》的一角，向您直率地进一言。

袁庚同志，您作为蛇口工业区的开创者，首先响应党的十一届三中全会提出的对外开放，对内搞活经济的方针，打开了我国对外开放的门缝，确立了以工业为主，产品以外销为主的建设工业区的方向，大胆地提出了「时间就是金钱，效率就是生命」的时代口号。这些都充分表明了您具有政治家的远见卓识和雄伟胆略。

但是，我觉得您还称不上优秀的企业家。因为，蛇口工业区从八一年底基本完成「五通一平」基础工程建设后，逐步进入了一个更加艰难的企业管理（或者说是社会管理）的阶段，我们却没有明显看到您表现出一个企业家所必须具备的管理能力。工业区的整体管理水平很不理想，您不能不负主要责任。（下转第四版）

在《蛇口通讯》上刊登的《该注重管理了》

会出现苛责之势。从实践来看，蛇口 2.14 平方公里的工业区，已经起到了领风气之先的效果。

袁庚把蛇口比作我国改革开放的一根试管。1986 年 5 月份，袁庚在香港中文大学的一次演讲中，首次明确提出试管这一概念。1993 年，离休后的袁庚曾经写过一篇文章，谈到蛇口改革时说：“1878 年，爱迪生在门罗帕克实验室最初点亮的白炽灯只带来了 8 分钟的光明，但是这短短的 8 分钟却宣告了质的飞跃，世界因而很快变得一片辉煌。最初那盏古拙的灯泡，它纤弱的灯丝何时烧断并不重要，重要的是它真真确确留给人们对不足的思索和对未来的希望。”

2016 年 1 月 31 日，袁庚在深圳蛇口逝世，享年 99 岁。在互联网上，网民们“点”亮蜡烛和鲜花标记，向这位传奇老者致敬。“世上再无袁庚，改革仍在进行”。袁庚主导的改革，形成新的时间观念、竞争观念、市场观念、契约观念、绩效观念和职业道德观念等，成为推动我国改革开放的重要精神力量，并将始终激励中国一代又一代的改革者。

在公开的报道中，正面质问、批评主管领导，这在中国政

蛇口六湾今昔对比

治生活中并不多见，《蛇口通讯》却做到了，可谓开风气之先。1878年，爱迪生在门罗帕克实验室最初点亮的白炽灯只带来了8分钟的光明，但是这短短的8分钟却宣告了质的飞跃。蛇口春雷为中国改革开放所做的积极探索和有益尝试，弥足珍贵，影响深远。

## 结语

改革开放是党中央顺应时代发展做出的改变中华民族命运的关键抉择。深圳经济特区作为我国改革开放的前沿阵地，从计划经济的束缚中杀出了一条血路，培育了一批适应改革开放、体现时代精神的“深圳观念”，极大地振奋了人民群众的精神与斗志。

实践永无止境，创新永不止步。站在新时代的历史起点上，深圳将继承发扬改革创新精神，解放思想，实事求是，与时俱进，激励新一代建设者继承老一代创业者的勇气和智慧，为我国改革开放贡献更多宝贵的经验与智慧。

# 中国硅谷/中关村纪事

经济日报·中国经济网记者 赵淑兰

中关村软件园一角

## 编者按

40年前，党中央召开第一次全国科学大会，“科学的春天”播下创新的种子。随后，在一大批先行者敢为人先、接力攀登的奋斗中，北京中关村高科技产业从无到有，高科技企业从小到大，产业体系从大到精。在一次次迭代升级进程中，中关村创新之潮始终奔腾激荡，成为“创新中国”的标志和象征。

5年前，中央政治局将一次集体学习的课堂搬到了中关村。习近平总书记发表重要讲话，对中关村寄予殷切期望：“面向未来，中关村要加大实施创新驱动发展战略力度，加快向具有全球影响力的科技创新中心进军，为在全国实施创新驱动发展战略更好发挥示范引领作用。”中关村肩负新使命，踏上新征程。

在名校云集的北京西北角，乘改革开放的春风，这里最先自发形成了闻名全国的“电子一条街”。之后，这里又华丽转身为第一个国家级高新技术产业开发区、第一个国家级自主创新示范区，成为我国创新发展的一面旗帜。改革开放不断谱写新篇章，中关村这张中国高科技产业的“名片”也越来越亮丽！

风起潮涌。第一家不核定经营范围的企业、第一家无形资产占注册资本 100% 的企业、第一家有限合伙投资机构、第一个科技担保公司……激流汇聚，奔涌成潮。“中关村的发展奇迹是中国改革开放最具代表性事件之一。”这样的评价并不为过。中关村化蛹为蝶，演绎了希望与梦想；创新不止，创造了历史与传奇。

## “最佩服这批先行者”

“要把中关村建成‘中国硅谷’！”早在改革开放之初，就有人提出了这个大胆设想。

此人名叫陈春先，是当时全国最年轻的博士生导师，任中国科学院物理所一室主任、等离子体研究所副所长。

1978 年召开的第一次全国科学大会提出，“四个现代化的关键是科学技术的现代化”“科学技术是生产力”……这让作为大会代表的陈春先备受鼓舞，内心“燃”了起来。

此后，他随中国首个科学家访问团，参观了美国旧金山的硅谷和波士顿的 128 公路区。看到斯坦福、哈佛、麻省理工等多所著名学府周边，有苹果、英特尔等上千家高新技术企业，将科技成果迅速转化为产品，每天都在创造着巨额财富。他萌生了在中科院、北京大学、清华大学等国内顶尖科研机构与高校集聚的中关村，借鉴硅谷经验、搞技术扩散的想法。

一些人至今还记得，那时的陈春先无论在什么场合都喜欢给大家举这个例子：20 世纪 60 年代初，我国第一台激光器研制成功，与美国仅相差半年，然而 20 年过去了，美国已经形成强大的激光工业，我们的科研成果却还只是停留在纸上、实验室里，被禁锢在科研单位的深宅大院里。

接下来的两次访美，陈春先愈发坚定了硅谷经验可学、搞技术扩散可行的信念。在中科院的座谈会上，在北京市科协的交流会上，他为“要把中关村建成‘中国硅谷’”奔走疾呼。

“中关村的技术密集度不亚于硅谷。”作为同事，纪世瀛也有着与陈春先一样的想法。“我带的研究生中，就有人曾在硅谷深造。”纪世瀛与陈春先不约而同地思考着同一问题：中国的科技发展和科研成果转化为什么不如美国？硅谷经验有哪些可取之处？

“眼睁睁地看着这个差距，心里急呀！我们再也不想坐等了。”纪世瀛回忆说。1980 年 10 月 23 日，在北京市科协支持下，陈春先和纪世瀛等人来到中国科学院物理所一间十几平方米，俗称“鸡窝”的后平房仓库，开启了拓荒之旅。打开门一看，里面结满了蜘蛛网，尘土厚厚一层。他们先打扫了半天卫生，把杂物堆到里边，拉上一道塑料布隔开，占用了大约 5 平方米小半间房子，然后摆上一张带抽屉的桌子。就这样，“北京等离子体学会先进技术发展服务部”悄无声响地成立了，经营项目包括搞技术咨询、举办技术培训、为企业与科研机构合作牵线搭桥。

这个技术服务部，是北京乃至全国第一个民营科技公司的雏形，人称“中关村的第一粒种子”。陈春先因此被誉为“中关村民营科技第一人”。

“第一个吃螃蟹”之举往往备受质疑：“办服务部就是为了捞钱，不贪污才怪”“陈春先带头破坏中科院的科研秩序”“陈春先是中关村的科技二道贩子”……1982 年年初，打击经济领域严重犯罪活动开展以后，中科院物理所某些人竟把陈春先列为重点审查对象。议论、责难、诽谤、告状、查账、立案……接踵而来。

“当时我们压力很大，但强烈的科技报国使命感和责任感，给了我们敢于去闯去试的勇气。”纪世瀛说。

1983 年 1 月 29 日，《经济日报》顶住压力，在头版头条刊登《研究员陈春先扩散新技术竟遭到阻挠》的报道。文章指出，“最近，当国务院领导同志得悉他们的试验情况时，认为陈春先的做法是完全对头的，应予鼓励。指出他带头开创出了新局面，可能走出一条使科学技能为发展生产，为振兴经济服务的新路子”。接着《经济日报》又连发 5 篇系列报道，充分肯定陈春先们的探索。一时间《经济日报》洛阳纸贵，科技人员争相传阅。

纪世瀛迄今仍对当年支持他们的《经济日报》心存感激。他动情地对记者说：“非常感谢《经济日报》，你们是第一家公开报道科技服务部的，对我们办民营科技企业支持很大，在改革开放史上写下了浓墨重彩的一笔。”

经济日报

ECONOMIC DAILY

1983年 1月 29 星期六

重要言论

改革是时代的潮流

为尽快地把科研成果转化为生产力

研究员陈春先扩散新技术竟遭到阻挠

国务院领导同志说陈春先的做法完全对头应予鼓励

经济日报 1983 年 1 月 29 日第一版

中央领导的肯定和中央媒体的舆论支持，震动了中科院、中关村，乃至全国科技界。

越来越多的人由此真正意识到，改革开放的时代大潮已不可挡。中关村的科学家、教授们不再观望，纷纷各显其能，创造新的历史。

“当时是在新旧碰撞中摸索前行，整个国家都在发生大量的新旧碰撞。小岗村、深圳……而怎么让科技成果走出象牙塔、结出生产力果实，这里面也发生过大量的碰撞，在碰撞中‘摸着石头过河’。”联想控股股份有限公司董事长柳传志说，他正是当年受到陈春先的鼓舞才萌生了从中科院计算所下海创业的念头。他在 1984 年创办公司的时候，中关村街上已经出现了一片公司。

陈春先等人在新旧碰撞中迈出的一小步，被誉为中国科技改革的一大步。这批先行者让中关村成为中国民营科技发展的策源地，带动了中关村高新技术企业的发展。此后，才有了联想、方正、搜狐、新浪、百度等众多中关村企业引领中国社会进入信息时代；才有了京东、小米、中芯国际、奇虎 360、滴滴、美团、商汤科技、旷视科技、寒武纪等互联网、移动互联网和人工智能领域的众多代表性公司，而一个个明星企业不断涌现，使中关村成为中国创新的银河系，辐射中国、影响世界的创新高地。

中关村社会组织联合会会长王小兰说，当年陈春先、柳传志等人冲破横亘在创新之路上的“拦路虎”，用创新的勇气和力量，推动经济与科技的结合，推动了中国科技体制改革的进程。正是制度创新和他们迸发出的敢为人先、敢于担当的创业精神，才开创出了今天的中关村事业。他们身上所展现的魅力，仍在鼓舞着当今的中关村人。

科技部副部长、党组成员徐南平说：“我最佩服的就是这一批先行者。他们的这种勇气，他们的精神，说小一点，是想自己开创一番事业，说大一点，是对国家、民族的未来有忧患意识，对国家、民族的未来发展道路有深层次的独到思考，我觉得这才是最弥足珍贵的。”

中关村之变，首先归因于时代之变，人心之变。陈春先立志打破科技成果转化的体制束缚，柳传志立志完成从“联想”到“Lenovo”的国际化蜕变，都是以改革开放的思维和行动，以敢为人先的勇气和魄力，让理想照进了现实。中关村的早期创业者，是率先感知到时代变化大势的人，也是自觉解放思想的先行者。他们把符合时代要求的理念化为行动和实践，走在了改革开放的最前沿。

## “要创新！要创业！要实现梦想！”

20 世纪 80 年代，中关村规模最大的公司是四通、信通、科海、京海公司，被称为“两通两海”，4 家公司都是中科院科研人员下海创办或参与创办的。

与其他地方的第一代创业者不同，这些“象牙塔”里的科技人员那时都有公职，但怀着科学报国、创新报国的梦想，朝着把科学技术变成现实生产力的目标，他们毅然下海创业。

科研人员陈庆振与科海公司的缘分，有偶然也有必然。做研究人员时，他负责管理档案，接触到大量密封的高科技成果。“科技档案室保险柜里锁着很多科研成果，有些很先进，正是我们国家经济建设急需的，也是国外对我们封锁的技术。”陈庆振说，如何让这些急需的技术走出档案室，服务国家经济和建设呢？

揣着这个问题，他到中科院成果处，到国家科委、经委、计委反映情况和想法，催生了“中国科学院科技咨询开发服务部”，并被任命为首任主任、总经理、总裁。这个服务部就是科海公司的前身。

把科学技术转化成生产力，科学成果转化成产品，怎么转化？有哪些因素？为什么转化率低？为什么中国有很多成果多少年也转化不了？科海在实践中探寻这些问题的解决之道。让陈庆振至今引以为傲的是，历经多次失败后，科海公司找到了一条便捷之路。

比如中国第一块电脑汉字装置。当年电脑刚出来，中国还没有电脑，其只认英文，不认中文。为了能实现汉字输入输出，中科院计算所研究出了汉字输入输出的方案，这是一个产品原形，还没法推广。于是科海就把这个成果拿来进行孵化，然后推广到海淀区四季青公社一个线路板厂去生产。由此，在科研成果转化方面，科海取得不少成果。

被誉为“中国电脑买卖第一人”的陈庆振，不同意“科海是靠倒买倒卖电脑来赚钱”的说法。“我们国家当时生产不了电脑，只能进口我们整个系统的组成部分。我们是把电脑作为一个主机、一个硬件，再配上自己开发的硬件、软件，关键在于增值的部分。”

“‘要创新！要创业！要实现梦想！’这是一代一代中关村人的追求。”中国科技体制改革研究会理事长张景安说。

百度公司创始人、董事长兼首席执行官李彦宏曾说过，在美国，他亲身经历了 IT 业发展，尤其是搜索引擎技术改变美国社会的过程。他一直就有一个梦想，有一天要用自己开发的技术改变亿万人的生活，甚至改变世界。他发现，要真正实现自己的理想，创业是最好的办法。

“用技术改变生活，仍是我不变的信念。”2005 年百度在美国纳斯达克上市后，李彦宏说。他于 2000 年选择在中关村创建的百度，如今已发展成为全球最大的中文搜索引擎，拥有数万名研发工程师，掌握着世界上最为先进的搜索引擎技术。最近，中国互联网协会、工业和信息化部信息中心联合发布 2018 年中国互联网企业 100 强榜单，百度列榜单第 3 位。

经常跟年轻人交流梦想，公开表示自己特别喜欢“人因梦想而伟大”这句话的雷军，是小米科技创始人。从大学开始，他就通过一次次创业，百折不挠地为自己的梦想而奋斗。他说，自己在读大学时就有了像乔布斯一样办一家世界一流公司的想法。

学计算机专业的雷军与同学一起先是创办了三色公司，遭遇失败后，于 1992 年加盟金山公司，8 年后出任北京金山软件股份有限公司总裁。2010 年 4 月，雷军在中关村重新创业，与原谷歌中国工程研究院副院长林斌等 6 人联合创办小米科技。在 2018 年中国互联网企业 100 强榜单中，小米科技位列第 10。

上图是联想创业时的小平房（1984 年摄）；下图是北京中关村软件园区（二期）内的联想全球总部园区（2015 年 12 月 16 日摄）

王小兰认为，中关村前后形成了“四批”创业者。第一批是 20 世纪 80 年代从国家机关走出来下海的一批人；第二批是 20 世纪 90 年代以后戴着“民营”帽子创办公司的一批人；第三批是 2000 年前后以海归创业为主的一批人；第四批是现在包括在大学和其他地方参加创业梦想大赛的这些年轻人。

几代创业者相互支持、相互学习、相互欣赏，汇聚成了永葆创新活力的中关村创业大军。

“对于我们新创一代来讲，能在中关村创业是人生的一大幸事。中关村不单单是硬件环境和政策非常优越，最重要的是这块热土上几十年积累起来的那种氛围。在这里我们有老一辈精神层面的支持和业务层面的指导，这是中关村过去和未来发展的重要力量，也体现了中关村精神薪火相传。”旷视科技总裁付英波如此感慨道。目前他的公司在人脸识别领域保持技术超前。

在风云变幻、潮起潮落的发展进程中，中关村企业家之所以“咬定创新不放松”，关键是“要创新！要创业！要实现梦想！”这个根植于一代代中关村人基因中的精神。

“一个人走得更快，一群人才能走得更远。”这是付英波的切身感受，也是中关村在创新创业的道路上一直向前奔跑的助推器。

“我感觉中关村很特别，坐在‘车库咖啡’里面，会有许多人过来跟我聊创业规划，可行性咋样，要咋改进，在其他地方没有这样的。”从河南慕名前来寻找投资人的李占江说。

在这家以创业为主题的“车库咖啡”里，每天都有不少创业者忙碌到深夜，或三五畅谈，或独处深思，或埋头上网。创客极客，多会于此，览物之情，得无异乎？

“这里很有趣。”一位哈佛商学院大三学生说。这位中美混血儿，从网页上检索区块链时发现，那里提到最多的就是“车库咖啡”，然后循迹而来。

位于北京市海淀区的中关村创业大街

漫步中关村西区中关村创业大街，那里飘荡着的咖啡清香，也是创新创业的味道。鳞次栉比的一个个咖啡屋，磁石般吸引着全球有创新梦想的创业者。一张张桌子周围，集聚的尽是渴望创新创业的年轻人。尽管，他们中间会有50%以上的人，在3年内就会尝到失败的苦果，有70%以上的人，在5年内将不得不重新开始再创业，但这并不能阻止一波又一波的梦想者前仆后继，倾其所有也在所不惜。激情的梦想家、执着的创业者，在此并不孤独，因为中关村人早已“把创业作为一种生活方式”。

“如果你认真了解中关村，就会发现，在这片土地上有千千万万个创业者，他们永不言败，也永不服老，他们身上凝聚着勇于创新、敢于试错、艰苦创业、百折不挠、追求卓越的中关村精神。”纪世瀛说。

中关村之变，还归因于有后浪推前浪般接连不断的一批批创新创业者，他们把自己创新创业的梦想变成现实的同时也带来了巨大改变。正如习近平总书记在深情阐述“中国梦”时所说，每个人都有理想和追求，都有自己的梦想。而立志在中关村创新创业的人们，无不是最有梦想的。因为有梦，才会勇往直前，因为有梦，才会坚韧不拔。

## “聚天下英才而用之”

10 多年前发生的一件事，夏颖奇仍记忆犹新。

那是 2002 年一个寒气逼人的冬日，时任中关村管委会副主任的夏颖奇正在办公室谈工作，门突然被推开，一位拄着拐杖、穿着老式黑呢子大衣、戴着黑毡帽的老者走了进来。交流中得知，老人是外交部离休干部，想替在美国工作的儿子和取得医学博士的儿媳问问留学生回国创业的政策。夏颖奇拨通老人儿子的电话，详细解释中关村现有政策和能提供的条件，并邮寄了全套资料。已在美国定居的医学博士深受感动，回国后到中关村创办了一家高科技公司。

对于“人才”，中关村管理者视如珍宝。

这里原本就是中国少有的科教资源和人才资源富集区，如果把中关村大街和北京北四环路看作一个坐标，纵坐标是长达 7.2 公里的中关村大街，沿途有北京大学、清华大学、中国人民大学、北京理工大学、中央民族大学等知名高校，横坐标北四环路，沿途有中国科学院的诸多研究所。中关村的很多创业者，是从这些高校和科研院所走出来的。

正因为有丰厚人才资源，李彦宏在 2000 年开始创业时，就把办公地址锁定在中关村区域，依靠附近学校的优秀人才，他组建起早期的优秀技术团队。

然而，仅靠区域内的人才，不能满足建设全球有影响力创新中心的需要。中关村已经以开放的视野，把吸引人才的触角延伸到全球，在全球坐标系中选拔人才。

中关村已在欧美发达国家建立起 10 个海外联络处，重要任务之一就是向所在国家的海外学子、科研人员宣讲中关村的创新创业政策与环境，方便海外高端人才随时咨询，并为其回国创业提供对接服务。

以前在一家国际知名生物材料公司工作的杨怀欣和团队，2012 年应中关村管委会邀请前来考察，管委会组织国内顶尖专家与其交流，并积极推动为其建立高标准的实验室。杨怀欣毅然决定在中关村创业。

“我们在生命科学领域处于世界前端，目前已经拿到多项国际生物材料类的科技专利。”北京瑞健高科生物科技有限公司董事长杨怀欣说。该公司正在用独立研发的专利技术，生产新一代无人体排异反应、能诱导人体组织再生的动物源性生物医用材料。

“我觉得中关村在引进人才方面是不遗余力的。”芯盾（北京）信息技术有限公司首席技术官庞潼川博士说，在资金支持、相关技术配套、办公场地，甚至是实验室等诸多方面，中关村都能以最大努力满足顶尖科学家的需求。

王中林团队抢占的是当今纳米科技领域制高点，而为纳米发电机发明者、欧洲科学院院士、中科院外籍院士王中林量身打造的研究中心——中科院北京纳米能源与系统研究所，几年前已经成立，助力其在热电转化、光电转化、混合发电等多个领域的研究。“加入中关村后，王院士个人的学术地位也进一步得到国际学界的认可。今年 5 月份，根据谷歌学术的公开数据，其 H 指数和影响力位居纳米领域世界第一位；7 月，获得世界能源界最高奖、被誉为能源界诺贝尔奖的埃尼奖，这也是华人科学家第一次获得此奖项。”纳米能源与系统研究所工作人员介绍说。

如今，海外留学人才群体，已成为中关村创新创业的一支中坚力量。据不完全统计，截至 2017 年末，中关村建成海外人才创业园 42 家，吸引海归创业人才近 4 万名，创办的企业累计近万家。

“真正聚天下英才而用之，让更多千里马竞相奔腾。”这是关系中关村前途命运的大事。几十年来一直是世界创新中心的美国硅谷，其三分之一的人口是来自全球各地的技术人才，而这正是中关村致力于打造“中国硅谷”的新目标。

荟萃科技群英、汇聚创业骄子，需要探索新一轮深化人才发展体制机制改革。今年2月，《关于深化中关村人才管理改革 构建具有国际竞争力的引才用才机制的若干措施》出台，其中有20条吸引人才的新政，包括外籍高端人才永久居留资格便利化试点、外籍高层次人才及其配偶子女享受永久居留“直通车”等。“直通车”实施以来，已有350多人拿到外国人永久居留身份证，办证时间由原来的180天缩短到50个工作日。

中关村积极加强国际化人才社区建设，计划在朝阳区望京、中关村大街、北京昌平区的未来科学城以及新首钢地区4个区域建立国际化人才社区，提供包括医疗、住房、子女教育等方面的全方位保障。“我们希望在上述4个区域为外籍人才提供优良生活环境，让他们到北京后真正感觉到安居乐业，能深度参与到北京全国科技创新中心的建设中。”中关村科技园区管理委员会主任翟立新表示。

对人才的重视也吸引了众多外籍人士的目光，欧洲科学院院士、曾担任德国人工智能研究中心柏林所所长的汉斯·乌思克尔特，现任北京深知无限人工智能研究院院长兼首席科学家，他致力于将欧洲的人工智能在中国推广和应用。“很多人工智能领域的科学家都希望到中国来发展他们的技术，在中国把技术转化成商品和产品，而中关村是最适合他们工作和生活的地方。”深知无限人工智能研究院董事长张寒燕说。

“人才越是聚集，企业就做得越好；企业做得越好，就会吸引更多的人才，就像一个漩涡，把优秀人才吸引进来，形成了一个非常好的良性循环，直到今天依然如此。所以人才是中关村能够产生源源不断创新企业的基石！”雷军这样感慨。

“青青子衿，悠悠我心，但为君故，沉吟至今”。在这里，人才是资源；在这里，人才是宝贝。以全球视野和人才强国战略思维聚才，开放的中关村，已不仅仅属于北京，属于中国，正日益成为世界的中关村。

中关村之变，关键在人，关键的关键是高端人才、全球顶尖人才。路在人走，业在人创，事在人为。中关村的昨天，主要得益于以大批国内高端人才和海归为骨干的创新创业大军。建设具有全球影响力的科技创新中心，中关村的明天离不开大批国际创新创业人才。

## “推动科技和金融的深度融合”

无论科技创新、科技成果转化还是创业，都离不开资金支持。

当年，陈春先创办第一个民营科技企业时，向北京市科协借了500元启动资金；陈庆振领军的科海公司负责孵化掺水乳化技术时，国家计划委员会能源司资助了30万元。1986年，科海公司推出轰动一时的新举措——与中国农业银行合作，在社会上发行企业债券5000万元，开辟了科技企业向社会融资的先河。

中关村涌现出数万家企业，其中创新型科技企业占比最大。与传统企业相比，科技型创新企业从出生那天起，就如同一个嗷嗷待哺的婴儿，亟需资金的喂养，需要不断加大对新技术研发的投资、投入。

一方面，资本与金融支持，成为决定创新型科技企业能否成活成长的关键因素；另一方面，中小科技型企业往往由于规模小、风险高，以及无抵押、无担保，难以获得商业银行流动资金贷款。“在早期的中关村，资金来源主要依靠国外的风投。”中关村上市公司协会会长尹卫东介绍说。

“出门靠地图，上网找搜狐”，一度被人们津津乐道。搜狐是中国第一个依靠外国风险投资创办起来的互联网企业。1995年，搜狐创始人张朝阳从美国麻省理工学院毕业回国，利用风险投资创建了爱特信信息技术有限公司，也将风险投资（创业投资）的概念引入中国，并于1998年正式成立搜狐网，开始了引领中国互联网发展的征程。

当时在国内，极少有人知道什么是互联网，几乎没有人知道什么是风险投资。风险投资主要是指向初创企业提供资金支持并取得该公司股份的一种融资方式，是私人股权投资的一种形式。

张朝阳在中关村办公司时，他在麻省理工学院的导师、著名未来学家、《数字化生存》一书作者尼葛洛·庞帝，与另一位教授向他投资了22.5万美元，支持他创办了爱特信公司。1998年2月，搜狐作为中国最早的互联网品牌正式诞生，为中国网民打开了通向互联网世界的大门。当年4月，搜狐获得第二笔风险投资，进入了第一个高速发展阶段。

如何为这些创新创业企业打造高效、管用的资本与金融助力机制？中关村进行了不懈的改革创新探索。

1999年，全国首家专门为科技企业服务的融资担保机构——中关村科技担保公司成立，为符合国家产业发展政策、成长性好的中小企业提供融资担保服务，做留学归国创业、种子科技企业创新与持续成长的融资伙伴。中关村科技担保公司成立以来，累计为30000余个项目提供近2000亿元的担保服务，帮助数千家企业解决"首贷难"，并通过持续跟踪服务助力企业成长壮大。"中关村科技担保支持了很多客户成为所在细分领域的领军企业，比如利亚德公司从年收入不足千万元，增长至40多亿元，成功在深交所上市，并为2008奥运会开幕式和国庆60周年阅兵提供巨型LED地屏画卷和天安门广场大屏。"中关村科技担保公司董事长段宏伟说。

2006年，经国务院批准，中关村代办股份报价转让试点正式启动。这个被称为"新三板"的平台，主要为创新型、创业型和成长型中小企业提供资本市场服务。

2007年，中关村推动信用贷款、信用保险和贸易融资、知识产权质押贷款、股权质押贷款、小额贷款、并购贷款等各项科技信贷创新。

引导商业银行积极开展“企业信用 + 知识产权质押”的金融业务创新，搭建政府部门间的合作平台，共同出资设立贷款风险补偿基金。

2017 年，中关村银行正式开业，这是全国首家专注于服务科技创新的特色银行，也是北京首家民营银行，被称作“首都金融领域深化供给侧结构性改革的实质性举措”。其宗旨是立足于中关村园区，服务“三创”，即创客、创投、创新型企业。

“科技金融创新方面，中关村在全国处于引领地位。”中关村银行董事长郭洪说，“推动科技和金融的深度融合，用科技创新引领金融创新，用金融创新来服务科技创新，当前和今后仍是一篇大文章。”

如今的中关村，基本建起了全面覆盖整个科技创新链和创业链的立体化科技金融服务体系，使资本和金融能够与创新创业进行深度融合，以满足不同发展阶段的科技型中小企业的差异化金融需求。

银行资金是中关村科技金融的基石之一。北京银监局的数据显示，中关村商业银行的网点密度为北京市平均密度的 7 倍以上。

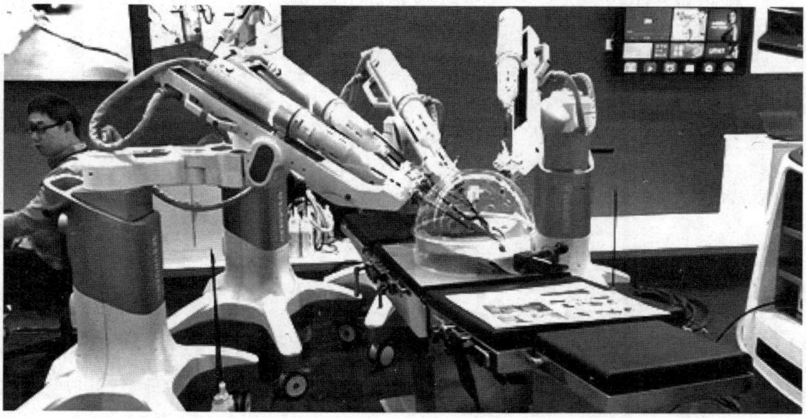

位于中关村的北京术锐公司生产的国产腔镜机器人

人民银行中关村中心支行的监测数据显示，截至2017年末，中关村示范区累计共有7349家高新技术企业发生过人民币贷款业务。其中2017年，有3405家高新技术企业发生人民币贷款，贷款发生额总计10279.5亿元，较去年上升25.1%。

创业投资数量和频次，常被用来衡量一个区域或国家的创新活跃程度。“中关村的创投企业大约有2000多家，创投案例占到全国三分之一。”翟立新说。

2万多名天使投资人、670多家知名创业投资机构、100多家创新型孵化器，活跃在今天的中关村。著名的天使投资人徐小平认为，“天使投资投的不是项目，而是人才和未来”。正因为看好这里的未来，中关村的天使投资人人数和投资数额，占全国40%以上。创新工场、车库咖啡等“孵化＋投资”的新型创业服务业兴起，进一步助推科技人员、留学归国人员创办企业成为潮流。

“我参与创办金山软件2007年上市以后的工作。我把主要的精力花在天使投资上，因为对于创业者来说，拿到第一笔钱是非常不容易的事。怎么能给创业者第一笔钱，能够让他把公司创办起来。这一笔钱对幼苗来说，就相当于第一束阳光和第一滴水。”曾一边创业一边致力于在中关村普及天使投资的雷军说。

在中关村还活跃着一批世界知名创业服务机构，包括美国微软创投加速器、Plug&Play、以色列的Trendline等。

“我们与美国斯坦福商学院签约，运营斯坦福‘点燃’创业培训项目。”创业公社的许炳杰介绍说。创业公社成立5年来，不断引入优质国际化资源，与法国ESSEC商学院结成合作伙伴，并与首钢基金、硅谷银行等在发掘和投资优质中小微创业企业领域有深入合作。

资本驱动创新，创新驱动资本的积聚。在信息迅捷的当下，资金可以与技术快速联姻，再经过孵化就成为一家家科技公司。

现在，中关村科技企业的融资渠道拓展到10条，包括小额贷款、天使投资、创业投资、担保融资、代办股份转让、境内外上市等。截至2018年10月末，中关村拥有境内外上市公司333家。这些上市企业基本属于国家战略性新兴产业，具有高成长性特点，是资本市场上的优质公司。

有资本市场助力，中关村上市公司的研发费用已连续7年大幅上涨，自主创新能力、科技成果产业化能力和发展后劲不断增强。“中关村上市公司中一半以上研发投入力度较大，其中接近三成企业的研发投入达到国际领先企业的水平。”中关村上市公司协会负责人说。

中关村之变，是由科技创新及其成果产业化、商业化带来的，离不开资本和金融作为重要推手。科技创新，“十月怀胎，一朝分娩”，需要长期的大量投入；科技成果产业化，环节复杂，周期长，需要连续的巨大投入。在中关村，资本和金融的集聚，使创新之花在萌芽状态就有资本的培育，创新之树自幼苗期就有金融的滋润，这也是中关村竞争优势所在。

## “政府与企业真正做到握手与放手”

2017年，中关村企业总收入达到5.3万亿元，实现利润4670.8亿元，实缴税费2539.9亿元。“中关村能有今天，我们企业能有今天，受益于一个大环境、一个小环境。感谢党和国家给我们方向、机制、政策等大环境，感谢北京市、中科院、中关村创造性执行党和国家方针政策给我们提供的小环境。”柳传志说。

许多企业家反映，政府的积极服务精神、政府与企业之间的鱼水深情，形成了独特的中关村创新生态，成为中关村创新创业蓬勃发展不可或缺的重要因素。

“中关村的发展和成功，跟政府的积极服务分不开。”用友网络科技股份有限公司董事长兼总裁王文京表示，“用友是中关村科技园区第一家获得高新技术企业证书的私营企业。1988年公司成立时，因为个体私营企业身份，不能享受科技园区高新技术企业政策。有一次，中央统战部的领导来调研，我反映了这个事，科技园区和海淀区政府相关领导特别重视，帮助企业把问题推动解决了。”

“多年来，政府和企业共同创新、共同探索。政企之间的‘亲’‘清’关系，相比给一点优惠政策，是企业更需要的。”曾任四通集团总裁的朱希铎说，“我记得那是在1992年，四通公司发生了内讧事件，当时的海淀区委书记连夜到企业参加公司党委会，了解情况，统一思想，给公司高层做工作。政府与企业结下深厚的感情。”

“多年来，各级领导凭借政治智慧和对新生事物宽容、爱惜之情，不断给予摸着石头过河的中关村创业者们极大支持。企业遇到什么困难，政府都会千方百计想办法帮助解决。政府从不告诉我们该做什么，市场的归市场，但是会不断帮助我们推动软环境的建设。”王小兰认为。

“没有中关村管委会的帮助，就没有大数据研究院。”北京大数据研究院院长、北京大学元培学院院长、中国科学院院士鄂维南说，“北京大数据研究院这个概念是管委会提出来的，成立仪式是他们张罗的，刚开始我们的人力和物力都达不到。我们做的第一批项目，也是管委会和海淀区帮助做的。”

“在创新驱动发展的过程中，中关村管委会给予企业最大的支持。政府在与企业的互动中真正做到了‘握手与放手’。”中关村上市公司协会负责人认为。

被企业和社会组织纷纷点赞的中关村管委会，是如何给自己定位的呢？

“中关村管委会的职能主要是调研、规划、协调、督办和服务。”翟立新说，“创新创业最需要的是服务，管委会的服务主要是为企业营造资源高效配置的环境，为他们争取相应的政策，推动科研院所与企业的合作、高校与企业的合作、银企合作、企业之间的合作，建立资源整合平台等。”

据了解，中关村管委会的服务还包括落实各种扶持资金，为企业免费举办各种培训，组织企业走出去学习，组织企业整体参展营销等。

服务型的中关村管委会，让市场引导结构调整、创新升级，自己则着力为创新发展创造适配的生态环境。“管委会在企业需要的时候及时出现，不需要的时候绝不打扰企业的正常运行。”中关村管委会的一位负责人说。

“我们最喜欢的就是这种作风。”很多企业家表达了这样的心声。

中关村管委会多年来利用市场化手段，把各种创新要素聚集在一起，形成了一个“创新场”。“目前中关村已基本形成了全链条、无缝隙的创新创业服务体系，集合了‘创意创想—种子期—初创期—成长期—产业化’等企业发展各个阶段，覆盖‘集中办公区—孵化器—加速器—产业园’等各类创业服务机构。”翟立新说。

中关村之变，是上至中央下至中关村管委会及各分园管委会，各级党委政府共同呵护、支持、推动取得的。辖区内的党委政府，恰当把握了“有为”和“不为”的辩证关系，正确处理了政府与市场的关系，政府与企业的关系，让政府、市场与社会相互作用，形成了有机统一、相互补充、相互协调、相互促进的格局，为创新创业蓬勃发展营造了良好的环境。

## “建设中关村，这步棋走对了”

中关村面积不大，但在科技强国、建设创新型国家、创新驱动发展的大棋局中，却有着十分重要的地位和作用。

“中关村有几个重要发展阶段，1988 年、1999 年、2009 年，走过了试验区、科技园区和自主创新示范区的历程，阔步迈向创新强国的新时代。”早在国家科委工作时就关注、支持中关村的张景安说。

2013年9月30日，中共中央政治局以实施创新驱动发展战略为题举行第九次集体学习，把“课堂”搬到了中关村，习近平总书记主持并发表了重要讲话，强调把创新驱动发展作为面向未来的一项重大战略实施好。他指出，“面向未来，中关村要加大实施创新驱动发展战略力度，加快向具有全球影响力的科技创新中心进军，为在全国实施创新驱动发展战略更好发挥示范引领作用”。至此，中关村翻开了发展的新篇章。

回望历史，中关村能有今天的成绩，得益于一步步扎实的改革。

1988年5月，国务院批准成立北京市高新技术产业开发试验区。这是我国第一个高新技术产业开发试验区，是我国第一个以电子信息产业为主导，集科研、开发、生产、经营、培训和服务为一体的综合性基地，也是中关村科技园区的前身。

1999年6月，国务院批复要求加快建设中关村科技园区，通过科技成果和创新知识的产业化，把丰富的智力资源转化为强大的生产力。并要求注意借鉴国外建设科学城的有益经验，创建有中国特色的中关村科技园区，为全国高新技术产业的发展发挥示范作用；要紧紧跟踪世界高科技的发展趋势，以市场为导向，积极发展软件产业和生物、医药工程等高新技术产业。

2000年1月，李彦宏选择在中关村创建百度公司，一方面就是因为中关村高新技术产业已经有了显著发展，获得了更多国家政策性的支持，创业环境及融资渠道已大大改善；另一方面是因为他的母校北京大学也在中关村。这两方面让他认定，中关村就是自己创业的最佳选择。他的办公地址，也因此定在了位于北大校园西南角的北大资源宾馆。

2009年3月，国务院批复同意建设中关村国家自主创新示范区，要求在21世纪前20年把中关村建设成为具有全球影响力的科技创新中心，成为创新型国家建设的重要载体。

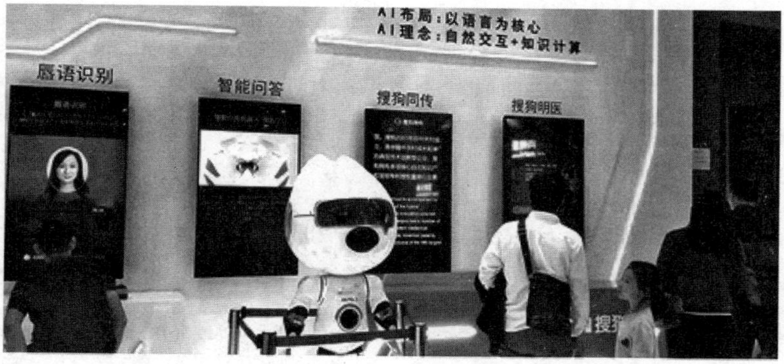


位于中关村的搜狗公司展示的新技术

这些发展阶段，分别指明了不同时期中关村的发展方向、道路和主要任务。中央还专门为中关村“先行先试”谋发展，提供了许多政策支持。

2010 年年底，国务院同意支持中关村实施“1+6”系列新政策。“1”是搭建中关村创新平台，“6”是在科技成果处置权和收益权、股权激励、个人所得税、中央单位股权激励审批方案、科研项目经费管理体制、统一监管下的全国场外交易市场和完善高新技术企业认定等方面，实施 6 项新政策。

政策对企业的帮助是实实在在的，对此多位企业家感受很深。“搜狗的发展得益于中关村一直倡导的创新发展之路，得益于园区一整套激励机制和政策体系。”搜狗公司 CEO 王小川说，中关村通过不断加强科技对经济的助推作用，在创新驱动发展中积累了宝贵的经验，为北京建设全国科技创新中心奠定了基础。正是依托于中关村的“天时、地利、人和”，搜狗公司自 2003 年成立，便一直在中关村深耕、发展，从几个人的初创团队，逐步成为拥有数千余名员工，在中国用户规模第四大的互联网公司。

北京柏惠维康科技有限公司首席运营官聂智也深有同感。这家公司专注于医用机器人开发，2016 年被认定为中关村金种子企业；获得新技术新产品认定，成为首批中关村前沿企业，同时获得 3 年累计 500 万元支持资金扶持。这只是其中的一小部分，受益于各项政策支持，该公司最近几年获得快速发展。

几十年来，中关村由最初的“电子一条街”，发展到一区十六园，目前已成为立足北京、辐射全国、联通世界的国家自主创新示范区。

在深化体制机制改革上，中关村先后实施的“1+6”系列新政策、科技创新企业投贷联动 10 条措施、国际引才用才 20 条若干措施等，在取得经验后逐步推广到全国。

在提升自主创新能力、加快科技成果转化和产业化进程上，中关村攻克了汉字激光照排、5G 移动通信、人工智能芯片、无人驾驶平台、石墨烯材料制备、高端医疗器械、复现高超声速飞行条件激波风洞技术等一批关键核心技术。

在新兴产业发展上，中关村形成了智能制造、新材料、节能环保、现代交通、新兴服务业等产业集群，新一代信息技术产业规模超过 2 万亿元，大数据、信息安全市场占有率位居全国第一，集成电路设计收入约占全国 1/3。

“以改革开放为动力，中关村经济贡献能力不断提高，制度创新能力大幅提升，高新产业快速发展，全球影响力进一步增强，正如习近平总书记所指出的，建设中关村、发展高新区，这步棋走对了。”翟立新说。

“感慨这个伟大的时代，感叹中关村这片神奇的土壤”。这是小米公司董事长雷军曾给中关村管委会的负责同志发的一条短信留言。“中关村几十年来发挥了全方位的示范带动作用，尤其在三个方面作用巨大。一是大力推进科技与经济紧密结合，在创新驱动发展上做了好的示范。中关村从一开始走的就是创新发展的道路，形成了一整套有利于成果转化的体制机制和政策体系。二是大力推进体制机制创新，在科技体制改革上做了示范。中关村的改革，不仅是围绕政策落地推进的改革，更不断积淀了内涵丰富的创新文化。三是中关村大力推进科技创新，在培养创新企业和科技型企业家上做了示范。”徐南平认为。

## 结语

创新决胜未来，创新关乎国运。踏上新征程，中关村将有新作为。展望未来，中关村将进一步当好国家高新区的领头羊，对标硅谷等国际领先创新区域，加快补齐短板和薄弱环节，努力在激发高校院所活力、强化原始创新上有新作为，努力在打通创新链条、提高成果转化效率上有新作为，努力在突破关键核心技术、培育具有技术主导权的高新产业上有新作为，努力在优化创新创业生态、培育世界级领军企业上有新作为。

# 义乌传奇/义乌小商品市场改革发展纪事

经济日报·中国经济网记者 王 晋 刘春沐阳

航拍义乌商贸新区

## 编者按

伴随中国改革开放，浙江义乌从一个昔日贫困落后的农业县，变身“买全球，卖全球”的世界超市，书写了一段中国经济发展奇迹中的传奇故事。习近平同志在浙江、上海工作期间，曾多次到义乌考察工作，感慨义乌的发展“莫名其妙”“无中生有”“点石成金”，并称赞义乌经验是过硬的，“义乌是改革开放以来浙江县域经济发展的典型”。

义乌发展奇迹，既是义乌人敢为人先，追梦逐浪，诚信包容的明证，也是当地历届党委、政府敢于担当、不求名利、锐意进取的成果，更是中国特色社会主义市场经济强大生命力的生动阐释。梳理义乌经验，解析义乌精神，对我们当前推进供给侧结构性改革、实现高质量发展，有着重要的现实意义。

这是一个“建在市场上的城市”。玩具、箱包、钟表、五金、饰品、家居用品、电子产品……在浙江义乌，小商品无奇不有、无所不在，吸引了全国乃至全球络绎不绝的采购商。数据显示，义乌中国小商品城经营着 26 个大类、210 万个单品，日均客流量 21.4 万人次，商品辐射 210 多个国家和地区。每年到义乌采购的外商有 50 多万人次，来自 100 多个国家和地区。去年，小商品城成交额为 1226 亿元。

将时间的指针拨回到 40 年前，那时的义乌还是个“七山二水一分田”、粮食高产却贫穷的落后县。它既不沿海，也不靠边，自然资源匮乏，交通不便。然而随着改革开放一声春雷，义乌人那浸入血脉里的商业基因被激活了，他们从“鸡毛换糖”、摆地摊儿起家，历经风风雨雨，坎坎坷坷，硬是将一个贫穷落后的农业县变成“买全球，卖全球”的世界超市。

## “鸡毛换糖”闯世界——缝隙里长出小市场

“鸡毛鸭毛换糖喽……”在义乌中国小商品城发展历史陈列馆里，有一个硕大的拨浪鼓，牵动着无数义乌人的童年记忆。据浙江金士敦供应链管理有限公司董事长金小民回忆，儿时的他，最盼望听到的就是货郎担“咚咚”的拨浪鼓声。他们肩上挑的如同一个百宝箱，用鸡毛鸭毛就可以换取糖块、玩具等。

一方水土养一方人。义乌经商历史悠久，可追溯到宋代，而以晚清尤甚。据《义乌县志》载：“早在清乾隆时，本县就有农民于每年冬春农闲季节，肩担‘糖担’，手摇拨浪鼓，用本县土产红糖熬制成糖饼去外地串村走巷，上门换取鸡鸭鹅毛、废铜烂铁，以取微利。”义乌民间行商习俗经过多年演变，渐成“敲糖帮”。中华人民共和国成立后，“敲糖帮”逐渐萎缩，但并未彻底绝迹。由于人多地少，每逢春节前后，仍有很多义乌农民挑担外出，风餐露宿，翻山越岭，“鸡毛换糖”。

事实上，义乌的很多成功商业人士，当年就是靠“鸡毛换糖”起家的。义乌市双童日用品有限公司董事长楼仲平就是其中之一。“那时，我们村人均只有两分地，连白米饭都吃不饱。14 岁起，我就跟着父辈去江西弋阳挑货郎担。”回忆起当年的艰辛，楼仲平记忆犹新。“我们一般是农历腊月二十前出门，正月十五前返回，连续 3 年我没有回家过年。”

由“鸡毛换糖”起步，20 世纪 70 年代，不少义乌农民开始沿街摆摊，地处义乌廿三里镇的小商品市场悄然兴起。义乌市市场发展研究中心主任何建农回忆说，以家庭联产承包责任制为主体的农村经济体制改革开始推行的时候，义乌稠城镇和廿三里镇已自发形成小商品市场。但那时小商品交易还被视为“投机倒把”，相关部门严打封堵。可在义乌，这些“资本主义尾巴”总是“春风吹又生”。

1978 年，党的十一届三中全会胜利召开。改革春风吹拂大地，但义乌仍在等待冰消。而小商品市场从“地下”转入“公开”，源于一个“提

1977 年，从事鸡毛换糖的义乌农民

篮女”叫板县委书记的“传奇”故事。

“提篮女”，真名冯爱倩，如今已 80 岁高龄。作为义乌小商品市场发展的重要见证者和亲历者，当时的情形她历历在目。1979 年，由于家庭困难，她下定决心，卖掉 10 担谷子获得 80 元“本金”，又从信用社借了 300 元，开始了摆摊谋生。从北门街到廿三里再到湖清门，冯爱倩起早贪黑，进货卖货，但摆摊的地方一直在换，原因是被当时叫作“打击投机倒把办公室”的部门赶来赶去。“天天抓，天天逃，抓到一次罚款 1 元，两三天的生意白做了。”

到了 20 世纪 80 年代初，像冯爱倩这样的人越来越多，他们决定找当地官员申诉。由于当时这尚属政策敏感地带，很多干部怕丢“乌纱帽”顾虑重重。泼辣的冯爱倩说：“我头上没东西戴，只是个妇道人家，我不怕，我去找！”找谁呢？就找县委书记！

1982 年 5 月，谢高华从浙江衢州调到义乌担任县委书记。在很多义乌人记忆中，谢书记不太爱坐办公室，喜欢下基层。他身材消瘦，穿着普通，走村串巷，没有一点官架子。

“那天，我看他从县委院子走出来，去弄堂理发，我就在弄堂口等。他出来时，我就迎上去了。我当时情绪比较激动，叽里呱啦讲了一通，夹杂着当地土话。谢书记是讲衢州话的，听不大懂。看到围观的人越来越多，他说：‘你不要吵，跟我到办公室去谈’。”到了办公室，冯爱倩哭诉，“日子太苦了，我有妈妈和 5 个孩子要养。有一次家里没米了，我借了 7 户人家，也没借到。我要摆摊做生意，却被赶来赶去，还要受罚。”

谢文华说摆摊政策不允许，冯爱倩的情绪有些激动：“我靠自己劳动，有什么不对？”谢高华劝她别哭，示意她坐下来谈。据冯爱倩回忆，这场谈话持续了几个小时。临走时，谢高华说：“你暂时去摆好了。”

其实，冯爱倩反映的问题，谢高华何尝不知道？可这个问题涉及政策红线，敏感、棘手而又复杂，谢高华决定先搞调查研究。通过调研，谢高华认为搞活市场符合中央精神，政府应顺应民意给地摊市场松绑。但在当时，让农民进城经商要承担很大风险。谢高华明确表态：“尊重群众首创，出了问题我负责！”于是，义乌县委班子集体决定，开放小商品市场。其后，义乌出台了“四个允许”——允许农民经商，允许农民进城，允许长途贩运，允许多渠道竞争。

1982 年 9 月 5 日，稠城镇的湖清门小商品市场一开放，周边的群众便像潮水般涌向义乌。谢高华回忆说：“可以讲，这个生命力是那么强，冲击波那么大，我也没估计到，摊摆到县委门口来了！”

“当年要不是有谢书记那些基层党员领导干部冒着牺牲政治生命的风险，用强大的行动力推动，义乌小商品市场就不可能先行一步，率先发展。”何建农的感慨代表了义乌群众的心声。

1982 年 9 月 16 日，国务院决定将 160 种小商品价格正式放开，实

1982 年 9 月，第一代市场——稠城镇湖清门小百货市场

行市场化调节。1984 年 10 月，谢高华在全县镇乡党委书记会议上正式提出了“兴商建县”（义乌撤县建市后改为“兴商建市”）的发展战略，指出要“以贸易为导向，贸、工、农相结合，城乡一体化，兴商建县”。30 多年后，这个发展战略仍在一以贯之。

穷则思变。借了 7 户人家都借不到米的冯爱倩们迫切要求搞活市场，改善生活。当地主要领导干部吃透中央精神，顺应群众期待，大胆决策，做出了顺应民心之举。可以说，义乌之所以能有今天的发展，与改革开放破冰之初，一大批党员领导干部锐意进取，敢于担当有着很大关系。这个启示，在全面深化改革的当下，有着巨大的现实性和针对性。

## 小商品，大市场——五代市场进化史

就这样，义乌小商品市场如同从缝隙中艰难生长出来的小草，迎着改革开放的春风，生根发芽，不断生长进化，逐渐升级，算起来至今已经 5 轮迭代。

正如谢高华所言，小商品市场“生命力是那么强，冲击波那么大”，他没有预料到。第一代小商品市场开业后仅 3 个月，市场摊位数量增加近一倍。许多商户自带门板，搭起塑料棚架，自行向新马路两端延伸。到 1982 年底，市场便有了 30 多个大类的 2000 多种小商品。但看着每天从附近 10 多个省区市蜂拥而至的采购者，义乌人发现，市场的承载力已到了极限，市场的物理空间亟须扩容。

时代给予了义乌更多的机会。1984 年 10 月，党的十二届三中全会召开，提出“发展有计划的商品经济”，这给义乌市场吹来了又一股春风。工欲善其事，必先利其器。义乌县委、县政府当机立断，千方百计筹集 57 万元资金，于 1984 年 12 月建成占地 35 万平方米、固定摊位近 2000 个的新马路市场，摊位从露天搬进了棚子，这就是义乌第二代小商品市场。

新马路市场建立后，每天前来交易的客商过万，商户摊位逐渐又扩展到朱店街。这条近 15 米宽的街道，曾是义乌小商品城同业工会会长楼南六最初摆摊的地方，条件十分简陋，连遮风挡雨的棚子都没有，一到刮风下雨，就要立刻收摊。市场距楼南六的家有 17 公里，他每天早出晚归，乘三轮车往返。

在楼南六身上，流淌着义乌商人吃苦耐劳和果敢无畏的血液。“有一次进货，我们借了 1 万元。那时也没有支票，我们两口子只好把现金绑在腰上，晚上连觉也不敢睡。进的是一些进口的布头，托运一部分，自己背一部分。布料运回来之后，皱巴巴的，我们半夜起来轮流熨烫。”

这些草根商人在创业期间吃了多少苦、受了多少罪，外人很难体会。但在楼南六看来，“比谁都勤奋、比谁都吃苦耐劳”恰恰是义乌商人身上的闪光点。

俗话说“同行是冤家”，市场竞争激烈，像进货地点这种商业秘密，一般人都不愿共享。但楼南六从不藏着掖着，去广州进货时，也带上村里人一起去。“义乌几乎一半同行都是我带去进货的。有钱大家一起赚。”楼南六说。

符合时代潮流的新生事物，往往具有强大的生命力。义乌第二代小商品市场运行不到两年，对进一步扩大规模的呼声日益高涨。1986 年 9 月 26 日，占地 4.4 万平方米、摊位数 4100 个的城中路小商品市场开业了。到 1990 年底，该市场占地 7.7 万平方米，摊位增加到 10500 余个，成为当时全国最大的小商品批发市场。

可 1990 年初发生的两件事情，让管理者、经营者看到了过快发展与管理滞后矛盾带来的不良后果。一件是宰客事件。当时，一位哈尔滨客商在某摊位进了一批戒指饰品，每只 0.5 元，但在另一处摊位发现进价只有 0.15 元，于是与摊主发生争执，双方各执一词，闹得不可开交。另一件是鞋类经营“无心插柳柳成荫”。当时，有一批温州鞋类经营户要求进场摆摊，被集中安排到偏僻处，但令人想不到的是，竟然货多成市，生意兴旺。

一面，是市场的快速繁荣，快速发展，声名日隆。另一面，是管理滞后带来的市场秩序不规范、假冒伪劣横行、欺行霸市等问题，甚至有商户趁客商场地陌生、盲目下单的机会哄抬价格，给市场声誉带来极其不好的影响。义乌的发展，站在了一个十字路口。

何樟兴，时任义乌小商品市场工商管理处处长，他经过深入思考后提出了一个对义乌市场影响深远的设想：“划行归市”。所谓“划行归市”，就是按照商品品种，分门别类设置摊位，同类商品同一区块经营。顾客进场，很快便可找到自己所需商品的地段，并在同类商品的摊位前货比三家，让假冒伪劣、哄抬物价就此失去市场。

可这个设想一经提出，便因巨大阻力而差点胎死腹中。1991 年下半年，市场管理部门为“划行归市”积极准备，并要求经营户申报经营种类。整整 3 天，报名人数为零。最终，市场管理部门不得不成立工作组，轮流做市场骨干商户和党员商户的思想工作，这才完成了报名工作。

打铁要趁热。1992 年 1 月 21 日，义乌市委、市政府（1988 年，义乌撤县建市）全力支持“划行归市”，把市场分成 8 个交易区，经营商品初分为 16 个大类。同年 2 月，篁园市场一期工程竣工投入使用，这就是第四代义乌小商品市场。随着篁园市场二期、宾王市场的相继竣工，至 1995 年 11 月，义乌已拥有了占地 46 万平方米、摊位 3.2 万个，当时堪称全国最大的室内商品批发市场。

6 年后，义乌国际商贸城一区市场正式投入使用，以后逐渐扩大为 5 个区。它与篁园服装市场、国际生产资料市场共同组成了义乌中国小商品城，第五代小商品市场正式亮相。

1992 年，义乌第四代小商品市场

实际上，伴随着市场的不断发展壮大，市场管理部门的改革也如影随形。1993 年 12 月，义乌市政府对市场经营管理体制进行重大创新，市工商行政管理局与义乌中国小商品城实行管办分离，组建义乌中国小商品城股份有限公司，后更名为浙江中国小商品城集团股份有限公司（简称“商城集团”），为国有控股企业，负责管理和运营义乌小商品城。商城集团市场运营管理部副经理杨波在这里工作了 15 年，与许多老商户非常熟络。他说，“要素资源市场化配置”是他们在招商中的一贯思路。招商时，他们并不简单满足于填满商铺，而是进行“选商”，选择对义乌市场发展产生积极影响的企业和商户入驻。“市场的物理空间是有限的，现阶段，我们会把资源配置给真正对义乌市场能起引领作用的企业。”杨波说。

2016 年，商城集团推出了“拨浪鼓服务平台”，为商户提供各种线上服务。义乌中国小商品城信息技术有限公司副总经理陈丽进介绍，目前，市场里所有基础性服务，如商位续租、水电、停车、物业管理等收费，都已转移到线上。一些纳税方面的事项，商户也可以在线上操作，由商城集团的工作人员与税务部门对接。

除了运营管理市场、服务商户，商城集团还承担了编制“义乌·中国小商品指数”的重要职能。义乌小商品市场功能齐全、辐射范围广、专业化程度高，这里的交易规模、价格走势、景气状况等，对全国乃至全球日用消费品市场均有一定的参考价值。2006 年 10 月 22 日，“义乌·中国小商品指数”由商务部对全球正式发布，义乌中国小商品城信息技术有限公司指数办公室主管楼瑾介绍，“义乌·中国小商品指数”已成为“小商品价格的风向标和大市场行情的晴雨表”。

迭代升级的不仅是市场规模。浙江省义乌市委常委、副市长多佳这样梳理义乌小商品市场的发展历程：20 世纪 70 年代末、80 年代初，我国由计划经济向市场经济转轨之初，义乌率先建立小商品市场，也就是第一代“马路市场”。各地涌现出各类市场后，义乌市场转型发展为第二代批发市场，成为全国小商品流通中心。第三代市场以商带工，发挥商贸资本雄厚、市场信息灵敏等优势，发展与市场关联度高的小商品加工业。第四代市场是中国加入世贸组织后，义乌大力发展国际贸易，向全球出口小商品，逐渐形成以国际贸易、洽谈订单、商品展示、现代物流等为主的新型业态。如今的第五代市场，初步形成了国内贸易与国际贸易融合、线上贸易与线下贸易融合的新局面。

从路边摊到商贸城，从买全国卖全国到买全球卖全球，从卖残次品到卖品牌货，从有形市场到无形市场，义乌的小商品市场随时代变迁前行，逐变革浪潮而不断扩大。伴随着市场升级迭代，管理者遇到过各种烦恼，无论是“划行规市”，还是打击假冒伪劣，政府这只手持续发力，把控公共资源的配置权，调控有度，引导市场不断走向繁荣规范。在政府和市场的合力推动下，义乌小商品市场背后的产业链条不断延伸、完善。

## 小县城，大集群——贸易生态圈成长记

义乌市陆港事务与口岸管理局国际陆港发展研究中心主任王建明今年55岁，是义乌小商品市场发展变化的见证者。他清晰地记得，20世纪80年代，义乌城区面积只有3平方公里，基本上是“一条马路七盏灯，一个喇叭响全城”。“小时候，城区人口少，住在大院里的人都很熟悉。在街上看到一辆自行车，都能说出是谁家的。”

随着义乌小商品市场越来越大，集聚效应越来越强，“买全国，卖全国”的格局逐渐形成。20世纪90年代初，义乌市委、市政府敏锐地发现了这一变化，便因势利导号召广大经营户“引商转工”，实施“以商促工，工贸联动”策略，依托市场发展小商品加工业。“贸工联动，前店后厂”让义乌的小商品市场有了更雄厚的根基。

“那是义乌发展最大的转折点。此前，大家就是做做小生意，没有产业支撑。在此之后，几乎每家的摊位后面都有工厂，小点的有几台机器，大点的有十几台机器，那是义乌最红火的时期之一。”王建明认为，现在义乌依托的支柱产业，比如饰品、内衣、袜子、吸管等，都可以在那个时候找到雏形，如果没有那时的产业一跃，现在的义乌就会失去发展后劲。到 2006 年，义乌已拥有工业企业 1 万多家，走上了“小商品、大产业；小企业、大集群”的工业化发展之路。

义乌与外贸的缘分，开启于 1994 年前后。当时，不少义乌商人开始从内销转向外贸，一些企业进行设备改造，产品质量显著提升。此后，外商开始进入义乌，从“蚂蚁搬家式”的外贸起步，到 20 世纪 90 年代末，义乌开始有集装箱出口。2001 年，中国加入世贸组织，义乌又迎来新机遇。入世第二年，外贸出口便占到了义乌小商品市场营业额的 40%，也正是那一年，义乌开设了国际物流中心。而国际物流中心的负责人正是王建明。

随着物流通道、平台、口岸等建设的推进，义乌商品“走出去”有了更便捷条件。围绕建设国际陆港城市目标，义乌先后建成了义乌港、铁路口岸、航空口岸、国际邮件互换局、义乌保税物流中心（B 型），成为国内唯一一个具备 5 大口岸平台功能的县级市。

“一站式供应链服务”是义乌的一大优势。来义乌采购的外商基本以综合采购商为主，当别处只提供一种或者某几种商品和服务时，义乌却能提供一站式供应链服务。同时，以市场为中心，各种资源要素向这里集聚，义乌成长起一批物流企业和贸易服务企业，形成了一个生机勃勃的“贸易生态圈”。

物流是小商品市场的“主动脉”。在义乌，各快递公司纷纷布点，大型货车川流不息。在位于云驿小镇的义乌市申通快递有限公司，记者看到，一辆辆像平板车一样的微型机器沿着二维码路径快速行进，将装载的包裹投入不同的分拣口，动作整齐划一，蔚为壮观。“这是分拣机器人，可以沿着二维码路径，准确地分拣包裹，而且彼此之间不会撞车。”义乌市申通快递有限公司办公室主任陈振龙说。

义乌申通成立于 1997 年，见证了义乌物流业的变迁。陈振龙说，2018 年上半年，义乌申通预估票件量为 8000 万件左右，比去年同期增长 30% 左右，而义乌快递业上半年票件量同比增长高达 50.6%。

由小商品市场衍生出来的物流产业，如今成为义乌的一张新名片。陈振龙认为，首先，这里货源充分。依托小商品城海量商品，取货便捷。其次，集货成本低。与一线城市相比，义乌城市面积小，成本要低得多。第三，省去转运环节。由义乌发往全国各地的货物相对均衡，可以直接从义乌发车。“如果以单位面积物流量来计算，义乌在全国应该是排前列的。”陈振龙说。

温州商人沈东青在义乌经营汽车配件生意，他 17 岁就离家闯荡，最后选择落脚义乌。对义乌物流成本的优势，沈东青深有体会。“我从广州发货到义乌，公路运输一立方米成本需要 70 元，而从广州发到温州，大概是 120 元。”

如果说，以义乌申通为代表的快递公司让内销配送变得快捷，那么在义乌数量众多的国际货运代理公司，则为商品走出国门提供了便利。义乌市国际货代仓储协会秘书长、扬翔国际货运代理有限公司负责人金丽仙干事风风火火，她 19 岁就摆摊做玩具生意，其父亲也曾是“鸡毛换糖”的货郎担。

结婚生子后，金丽仙成了全职太太，一过就是 10 年。虽然生活无忧，但她从未放弃做生意的梦想。2001 年，义乌的外贸蓬勃兴盛起来，闻到商机的金丽仙“重出江湖”，开办了外贸加货运为主要业务的中海咨询有限公司。最初公司做的主要是海运，2002 年开始开拓空运业务。“我们义乌有 3 个特产，红糖、小商品市场和义乌老板娘。”金丽仙爽朗地笑着说，“义乌老板娘”吃苦耐劳，亲力亲为，采购、装货、送货、设计啥都能干。如今管理着几家公司的金丽仙，仍然保持着创业的激情，每天早出晚归，业务也延伸至整个物流供应链。

目前在义乌市国际货代仓储协会注册的会员单位有150家左右，而为外贸提供服务的公司则有1万多家，这些服务企业，成为义乌商品走向全球的有力推手。

市场带动工业，工业支撑市场，市场与产业联动发展，是义乌发展的奥秘之一。在以外向型出口为主的义乌小商品城，市场的背后需要物流、结算、报关等后端服务的支撑，形成完整的产业链条，让义乌贸易生态圈始终生机勃勃。义乌的独特优势就在于这里拥有强大的“一站式供应链服务”和“贸易生态圈”，这也是义乌市场的核心竞争力之一。

## 敢创新，善创新——发展节奏永不停歇

在义乌身上，承载着多方期待：全国首个县级市国家级国际贸易综合改革试点、全国18个改革开放典型地区之一、现代物流创新发展试点、金融专项改革试点、电子商务大数据应用统计试点、国家社会信用体系创建示范城市等15项“国字头”改革试点。今年7月，义乌又成功获批跨境电商综合试验区。今年9月，义乌小商品跨境出口新增空运直飞模式。

创新，创新，创新，是义乌永不停歇的节奏。

相信大家对于“拼”并不陌生，但你听说过“拼箱（集装箱）”吗？这是义乌众多创新中的一个小案例。中国加入世贸组织后，义乌外贸出口迅速发展起来。由于小商品出口数量少、品种多、更新快，往往“一个集装箱就是一个小超市”，拼装商品达上百种，一一报检，容易出现“出关阻塞”。

在实践中，义乌海关关员发现，小商品具有的“出口货物市场直

2017 年 1 月 1 日，义乌至伦敦班列首发

采”“不涉及出口退税”等特点，与当时“边境游”中的旅游购物贸易方式非常相似，更符合当地实际。于是，义乌市政府便积极向海关总署申请采用旅游购物贸易方式并于 2004 年获批。实践证明，旅游购物贸易方式对义乌小商品出口的促进作用是巨大的。2002 年，义乌小商品的出口数量不足 1 万标箱。至 2009 年，这一数量猛增至 50 多万标箱。

在探索建立市场采购贸易方式的过程中，义乌作为我国首个由国务院批准的县级市综合改革试点，也是一马当先，一系列利于操作、便利贸易的措施出台：市场采购贸易方式免征增值税，不征不退；报关限额由每批 5 万美元提升至 15 万美元；出口货物可以按大类申报和认定查验，不用再详细写上小类；在结汇方式上，允许外贸主体个人收结汇……相关改革极大提升了商品出口的通关效率。今年上半年，义乌市以市场采购贸易方式出口额突破千亿元大关，达到 1015.4 亿元，增长 1.4%，占义乌市外贸的 81.9%。目前，市场采购贸易方式已经复制推广到全国7个专业市场。

商机稍纵即逝，唯有快速反应才能赢得先机。如何提高行政审批和服务效率，创造优质的营商环境？义乌相关管理部门一直在探索。走进义乌市行政服务中心大厅，记者看到“只进一扇门，只对一个窗，最多跑一次”的字样非常醒目。大厅内，各办事窗口井然有序，高效运作，这正是义乌“最多跑一次”政务服务改革的成果。

义乌市行政服务中心副主任吴建华告诉记者，今年4月26日，他们还设立了“‘跑一次没办成’投诉与代办窗口”，当群众“跑一次没办成”时，可以到该窗口咨询、投诉，义乌市各部门的负责人轮流在这里值班解决问题。

8月19日，浙江省政府新闻办公室发布消息，26条改革典型经验将在浙江全省推广。其中，义乌“涉企证照工商通办”改革作为聚焦营造最优营商环境，深化企业投资项目“最多跑一次”改革的经验名列其中。

义乌市市场监督管理局小商品城分局工作人员何冠群介绍，今年5月2日，义乌在浙江省首推外贸企业“涉企证照由工商部门通办”模式，实现外贸企业办理执照和备案“跑一次”。7月，义乌全面启动“涉企证照工商通办”，包含大学生创业企业认定备案等28个备案备查类事项的“多证合一”，以及烟草局、商务局等11个部门的32个高频行政审批类事项与营业执照的“证照联办”，只需到通办窗口跑一次就可办妥。从时间上来看，涉企证照的办理时间已压缩到4个工作日。

诚如一位长期研究义乌的专家所言，义乌的发展就是不断“倒逼改革”，在这个过程中，义乌市委、市政府尊重群众的首创精神，让监管体制不断适应新形势，不断向新兴业态趋近。

市场领先源自思想领先。40年前，义乌敢为人先，开启了波澜壮阔的“兴商建市”历史征程。40年后，义乌进入建设“世界小商品之都”的新时期，面临着新的挑战与机遇。如何再创辉煌？

义乌多次举行解放思想大讨论，继续深化改革，用“啃硬骨头”的精神，以改革破解难题，以改革营造环境，给城市注入新的活力。

## 大胸怀，大格局——“新义乌人”融入与“义新欧”出发

小城义乌，没有北上广高楼林立的气派，也没有苏锡杭风景的曼妙，却吸引了全球目光。数据显示，义乌的本地人口只有 80 万左右，而外来人口则达到 143.7 万人。其中，有 1.3 万多名外商常驻于此。

深夜，在异国风情街，来自非洲的客商品尝着地道的阿拉伯美食，谈天说地。在远离故乡万里之外的东方小城，他们找到了自己的生活，参与到城市管理和服务中去，成为“新义乌人”。步履匆匆的客商、各种创新创业的会议，有人说，这里的空气里都飘浮着商机。

作为一个县级市，义乌的开放包容度让人印象深刻。这里有各类涉外机构 6800 多家，其中外商投资合伙企业 2500 多家，约占全国的 75％。

在义乌市国际贸易服务中心办事大厅，多个涉外部门联合办公。2012 年 1 月 6 日，义乌市国际贸易服务中心成立，为外商提供“一站式”政务、商务、生活咨询和服务。中心成立至今，已办理各类审批和服务事项 130 余万件，日均接待外商和其他办事群众 2000 余人。

许多在义乌经商的外国客商都有一张小小的“外籍商友卡”，签证延期换发、网上住宿申报等信息都会实时更新。这张卡让外商在医疗、交通、子女教育等社会保障方面，享受与义乌市民同等待遇，目前办理数超过 1.2 万张次，基本覆盖常驻外商人群。

这些外商被称为“新义乌人”，他们来自不同的国家，有着不同的肤色，但相同的是，义乌是他们实现梦想的地方。在感叹中国大地发生巨变的同时，他们更庆幸自己搭上了中国发展的快车。

46 岁的郭集福是马来西亚人，他在义乌经营珠宝玉石生意，讲一

一名前来采购的外商在义乌国际商贸城的世界超市里比出“赞”的手势

口流利的普通话。自 2004 年在义乌租下第一个店面开始，他已在义乌扎根 10 多年，每年回马来西亚时间不到 15 天。

郭集福与义乌结缘实属偶然。一次，他听人说中国有个地方叫义乌，什么商品都有。但具体一问，对方却支支吾吾。他偷偷打探对方的行程，买了同一航班机票，假作偶遇，跟随对方来到义乌。“那是 1999 年，一到义乌市场我大吃一惊，街上熙熙攘攘，马路上到处都是手拉三轮车，上面堆满整整两层楼高的货，好像在耍杂技。”那时在马来西亚，这些小商品非常紧缺。郭集福花了 3 万马币（相当于 6 万多人民币），买了茶叶、文体用品等一批货，没想到运回马来西亚之后，很快销售一空。他像是发现了“宝藏”，开始频繁到义乌进货，后来索性在这里开店。

之所以选择义乌，郭集福有非常细致的考虑。“首先，我在许多国家都做过生意，但似乎有一条‘五年盛五年衰’的定律。无论你的生意多好，一般5年到7年就会遇到问题，但在义乌，生意一直都很平稳。第二，我在义乌经商从未遇到过赊账，这里的客商非常诚信。第三，我在其他国家做生意，要聘请销售员推销，而义乌客流源源不断。另外，义乌的包容性也让我非常感动，这里绝不会有排外现象。”

义乌市科瑞丝通贸易有限公司总经理苏拉来自塞内加尔。他最初干服装批发，后来转入小五金市场。2003年，他听朋友说义乌的货很多，便决定来看看。第一次到义乌，苏拉只采购了一个货柜的商品，心里还很忐忑。没想到这批货很快就被一抢而光，而且利润很高。从此，苏拉频繁往来于中塞两国。由于熟悉义乌市场，不少朋友经常请苏拉陪同采购，他渐渐萌生成立公司的想法。2007年，苏拉租下办公室，开始在义乌常驻。没想到，这一驻就是10年。2012年，苏拉成立了自己的公司，公司办公地点从最初的一间小办公室，发展到现在的三层楼。

说起义乌的营商环境，苏拉拿起了自己的手机，“义乌市领导为外商建了微信群，市委书记、市长、副市长等领导都在群里，我们可以随时反映问题。人大代表也经常来征求我们的建议。在这里，我们得到了充分尊重”。

在“一带一路”建设中，义乌再次展示其开拓精神和实力。

2014年11月18日，首趟“义新欧”中欧班列（义乌—马德里）成功发出。这辆装载着82个标箱的班列，从义乌出发，成为“丝绸之路经济带”上的“钢铁驼队”。截至今年7月底，中欧班列（义乌）共往返460列，成千上万种“中国制造”通过“义新欧”一路西行。

一家民营企业运营国际物流线路，难吗？

很难。回忆其间甘苦，“义新欧”的运营方——天盟实业投资有限公司董事长冯旭斌感慨万千，“我从2010年筹备成立中欧班列运营公司，2012年公司正式获批，由于线路长，开展业务难度非常大，其间有无数的努力和艰辛”。为了这趟班列的开通，冯旭斌跑了很多部门，去过不少国家，变成了“空中飞人”。

有几个时间点让冯旭斌刻骨铭心。

2013年9月8日，习近平主席在哈萨克斯坦纳扎尔巴耶夫大学发表演讲时首次提出共同建设“丝绸之路经济带”。“这让我特别激动，思考了半个多月，决定全力参与。”冯旭斌说。

2014年9月26日，习近平主席在会见西班牙首相拉霍伊时指出，“当前，中欧货运班列发展势头良好，‘义新欧’铁路计划从浙江义乌出发，抵达终点马德里，中方欢迎西方积极参与建设和运营，共同提升两国经贸合作水平”。冯旭斌说：“那是个不眠之夜，我的人生轨迹从那时开始改变。”

从此，再多的困难都难不倒这个敢想敢干的义乌人。他的目标是建设哑铃形的贸易通道，使进出口货物达到均衡，“经营好‘义新欧’班列，我义无反顾，责无旁贷”。

如今，“义新欧”班列已实现每周双向对开的常态化运行，开通了至中亚、西班牙、伊朗、阿富汗、俄罗斯、拉脱维亚、白俄罗斯、英国、捷克9个方向的国际货运班列，义乌已成为长三角及周边地区商品出口汇聚地，出口额稳步增长。

善谋者行远，实干者乃成。义乌缺乏自然资源，地理优势并不突出。而人永远是生产要素中最活跃的因素，通过扩大开放，为外商提供优质的服务和良好的营商环境，可以塑造一个城市的软实力和新优势，从而不断吸引客商投资创业。这种软实力来自开放的思维，来自包容的视野，更来自强大的执行力。

## 群众首创，党政有为——义乌奔向新梦想

“在我看来，‘义乌经验’有两个关键点：群众首创和党政有为。”义乌市商务局党委委员、副局长马洪天说。马洪天是清华大学选调生，

2014 年 11 月 18 日，义乌至马德里班列首发

两年前他选择到义乌工作。在他看来，义乌的发展经历了几个阶段。第一阶段，改革开放之初，义乌人敢为人先，无中生有办市场；第二阶段，20 世纪 80 年代至 21 世纪初，义乌市场“买全国，卖全国”；第三阶段，中国“入世”后，升级为“买全球，卖全球”。

著名经济学家厉以宁在义乌调研后认为：“义乌政府是有为政府。党委总揽全局、把握发展方向，政府调控有度、搞好公共服务，这是义乌全面建设小康社会、走科学发展之路的根本保证。”进入新时代，义乌瞄准“建设世界小商品之都”的目标，“两只手”协同发力，共促转型。

在义乌商贸服务业集聚区管委会工作的范黎黎告诉记者，如今，义乌产业集聚发展迎来新机遇，义乌提出电商换市、融合发展，同时，引入新产业，形成多轮驱动良好发展态势。

从线下商铺向线上线下融合发展转型。网购潮起时，不少义乌商户还习惯于坐等客户上门。浙江中国小商品城集团股份有限公司积极推动线上线下融合，提供各种平台培训商户，将7.5万商户全部搬上义乌小商品官网“义乌购”，在线商品300万种，日均独立用户访问达15万人次。统计显示，我国境内零售网商70%商品和批发网商80%商品均来自义乌。

楼仲平认为，2010年之前，支撑义乌市场的3大要素按重要程度排序是“客流、物流、信息流”，而如今却已转变为“信息流、物流、客流”。未来义乌一定要靠信息产业带动小商品市场，形成一张涵盖产业链的网，以先进工业、金融、国际贸易等为支撑，让义乌成为信息交会之地，做到强者恒强。

从一枝独秀向多轮驱动转型。40年来，义乌依托“以商促工”“工贸联动”发展战略，走出了一条块状经济特色明显的工业化之路，形成了一批特色优势产业。义乌市经济和信息化委员会党委委员韩红英介绍，“十三五”以来，义乌市紧扣时尚、装备、信息、健康4大主导产业，以“增量选优、存量提质”作为工业稳增长的总方针，坚定不移招大引强，加快培育发展先进制造业和改造提升传统制造业，形成了推动工业经济高质量发展的“义乌经验”。

先看规划引领。2014年，义乌市提前启动“十三五”产业规划发展研究，明确“十三五”产业发展“2+2”定位，即打造两个千亿级产业：日用时尚消费品产业、信息网络经济产业；培育两个百亿级产业：先进装备制造业、食品医药健康新兴产业。

再看改造提升。2017年8月，义乌市入围浙江省21个传统制造业改造提升分行业省级试点名单，试点产业为服装制造业。结合本地实际，义乌将饰品、服装、袜业、纺织等10大行业作为传统制造业改造提升的主攻方向。

从被动适应市场转向创新引领市场。华鸿控股集团是一家以生产销售油画、镜框、相框为主的民营企业，是浙江省文化厅、外贸厅认定的浙江省重点文化出口企业。华鸿创始人之一、副总裁王爱香15岁便进入市场，1993年，她与丈夫开始做装饰画生意。随着国人生活水平的提高，他们的生意越来越好，1998年建厂后，企业规模不断扩大。1999年广交会，是华鸿从内销转向外贸的重要节点。“那是我第一次参加广交会，我租了半个摊位，还找了个会讲外语的经理，想去试试。没想到，我们在现场接到不少订单，足足发了10个集装箱的货。”王爱香说。

如何赢得更多国外消费者？针对每个国家、每个客户，华鸿提供个性化精准服务，为每个客户量身定制。“比如宜家采购我们的装饰画，我们的产品就要符合宜家的家居风格和特点。我们的设计师要‘利他’，不以自己的喜好来设计产品，而是以客户的需求为导向。”

从销售廉价商品向打造品牌转型。在义乌国际贸易服务中心4层，一家家有设计感的店铺非常抢眼。仔细观察后就会发现，这些店铺没有一家产品是重复的。这与义乌市场“划行归市”的规则完全不同。这里，就是义乌国际品牌联盟。

“提起义乌商品，有些人可能联想到的是‘地摊货’‘廉价低质’，我们希望通过努力，打造义乌产品的品牌，引导企业向中高端方向发展。”义乌国际品牌联盟秘书长朱秀秀告诉记者，为了提升产品质量、打造优质品牌，2016年，义乌8家企业抱团发展，创立了这个联盟。

这是个异业联盟，目前拥有58家会员，来自58个行业。从客户资源共享到提升品牌、加强管理、品牌维权等，联盟企业携手前行。朱秀秀告诉记者，义乌国际品牌联盟成立了商学院，每月举办两期培训沙龙，以及读书分享会和“拍砖会”，让会员分享企业管理、品牌建设等方面的经验，并为运营中的难点和“痛点”支招。

“我们的品牌以外销为主，在国外很有名，在未来5年希望把它们打造成世界一流品牌。”朱秀秀的期待让我们看到了年轻一代义乌商人的雄心壮志。

1978年，义乌国内生产总值12809万元；2017年，义乌实现地区生产总值1158亿元，全年实现网络零售额1277.1亿元。深刻巨变，源自何处？正是因为群众首创精神与党政有为的执政理念有机结合，市场的活力与政府的引导才能相得益彰，让义乌始终充满活力。市场之手与政府之手协同发力，无疑是义乌的最大优势之一。

## 结语

开办市场，先行一步；出口贸易，风生水起；贸易生态，欣欣向荣……改革开放40多年来，义乌总是能站立在时代潮头。义乌为什么能？在实地调研后，我们找到了部分答案。首先要归功于义乌人的勤劳、坚毅、诚信，其次要归功于当地党员干部的担当、无私、有为。但还有很重要的一点，是义乌广大干部群众一心一意谋发展的视野、眼界和胸怀，让他们总能与时代进步的节拍保持一致。

义乌的实践证明，小商品也能成就大市场，小县城也能实现大梦想，小地方也在影响大世界。而在“以小见大”“以小博大”的背后，折射出的是中国特色社会主义市场经济的磅礴伟力。义乌经验也告诉我们，无论外部环境如何变幻，只要我们坚持改革开放，坚持发挥好有形之手和无形之手的作用，一心一意做好自己的事，在下一个40年，在中国广袤的土地上，还会发生更多精彩的故事，创造更多新的传奇。

# 而立海南

## 记海南建省办经济特区30周年

经济日报·中国经济网记者 何伟

海南省三亚市著名的天涯海角景区

## 编者按

椰风徐徐，海韵声声。在2018年4月13日举行的庆祝海南建省办经济特区30周年大会上，国家主席习近平郑重宣告：党中央决定支持海南全岛建设自由贸易试验区，支持海南逐步探索稳步推进中国特色自由贸易港建设。

30年披荆斩棘，30年砥砺奋进，30年埋头苦干。如今，这个较为封闭落后的边陲岛屿，已发展成中国最开放、最具活力的地区之一。1987年，海南地区生产总值仅有57.28亿元，地方财政收入不到3个亿。到2017年，海南地区生产总值达到4462.5亿元，地方一般公共预算收入674亿元，地区生产总值、人均生产总值、地方财政收入分别增长21.8倍、14.3倍、226.8倍。

特别是党的十八大以来，党中央高瞻远瞩、统筹谋划，立足海南实际，做出一系列重大决策部署，为新时代海南发展指明前进方向，推动海南各项事业实现跨越式发展。

历史从不眷顾因循守旧、满足现状者，机遇属于勇于创新、永不自满者。作为改革开放最大的“试验田”，海南经济特区 30 年的发展历程是我国改革开放 40 年历程中无比壮美的一页。

时间的指针拨回到 30 年前。1988 年 4 月 13 日，第七届全国人民代表大会第一次会议通过了《关于设立海南省的决定》和《关于建立海南经济特区的决议》，海南成为中国最年轻的省和唯一的省级经济特区。那是海南 30 年发展历程的启幕，也是一代“闯海人”慷慨激昂的故事开端。彼时，“十万人才”初到海南，他们一穷二白，只能“摸着石头过河”，不管结果如何，敢于尝鲜冒险的“闯海人”精神成了他们共有的记忆烙印。而他们敢闯敢拼、动人心魄的创业故事，折射出一个年代的精彩。

## “把门打开！”

“我爱五指山，我爱万泉河，双手接过红军的钢枪，海南岛上保卫祖国……”1973 年，一曲《我爱五指山，我爱万泉河》传遍大江南北，成为海南向世人递出的名片之一。由此，更多的人开始知道海南，了解海南。

那时的海南，名叫“海南黎族苗族自治州”，隶属广东省。从“海南州”到“海南省”，这样的跨越是如何实现的？

1980 年 6 月 11 日，时任广东省委第一书记的习仲勋同志在广州主持会议，研究决定就《关于加快海南经济建设几个问题的提议（草案）》向中央汇报。国务院对海南岛的问题十分关心和重视，于 6 月 30 日至 7 月 11 日在北京召开了海南岛问题座谈会，开发海南岛被提上日程。一个多月后，国务院转批了《海南岛问题座谈会纪要》，明确海南岛的开发建设“主要靠发挥政策的威力，放宽政策，把经济搞活”“对外经济活动可参照深圳、珠海市的办法，予以较大的权限”。

三亚海景玻璃栈道

此后数年，一个“更大的特区”的想法在中央领导心中逐渐成形。1987年6月12日，邓小平同志在北京人民大会堂会见应邀来访的南斯拉夫客人时说：“我们正在搞一个更大的特区，这就是海南岛经济特区。”他向客人介绍海南时如数家珍：“海南岛和台湾面积差不多，那里有许多资源，有铁矿、石油，还有橡胶和别的热带、亚热带作物。”他进而说道：“海南岛好好发展起来，是很了不起的。”

这段谈话，第一次向世人透露了建设海南大特区的宏伟战略，也成为海南建省办经济特区的发源。

1988年4月13日上午，在庄严肃穆的人民大会堂，出席七届全国人大一次会议的代表们庄重地举起右手，表决通过了关于设立海南省的决定。这是海南人民盼望已久的历史性一刻：历经风雨，在中央的关怀和殷切期望下，海南省终于诞生了。

在胶卷紧缺的年代，现任海南省摄影家协会名誉主席黄一鸣“奢侈”地多次按下快门，记录下这一庄严时刻。“咔嚓、咔擦、咔嚓”，伴随

海南日報

HAINAN RIBAO

海南日报社出版

# 海南省昨批准成立

**本报讯**　据新华社北京4月13日电：第七届全国人民代表大会第一次会议今天上午以举手表决方式，通过了关于设立海南省的决定、关于建海南经济特区的决议。

## 七届全国人大一次会议关于设立海南省的决定

1988年4月13日第七届全国人民代表大会第一次会议通过

第七届全国人民代表大会第一次会议审议了国务院关于设立海南省的议案，决定：

一、批准设立海南省，撤销海南行政区。海南省人民政府驻海口市。

二、海南省管辖海口市、三亚市、通什市、琼山县、琼海县、文昌县、万宁县、屯昌县、定安县、澄迈县、临高县、儋县、保亭黎族苗族自治县、琼中黎族苗族自治县、白沙黎族自治县、陵水黎族自治县、昌江黎族自治县、乐东黎族自治县、东方黎族自治县和西沙群岛、南沙群岛、中沙群岛的岛礁及其海域。

（新华社北京4月13日电）

1988 年 4 月 14 日，《海南日报》刊发海南省批准成立的新闻

着照相机的快门声，“中国共产党海南省委员会”“海南省人民政府”牌匾“露出真容”的瞬间被永久定格在 1988 年 4 月 26 日。

历史和伟人为何同时把焦点聚向了这片热土？

资源丰富，是海南岛的一大优势。海南具有丰富的土地资源，土地总面积 5086 万亩，占全国热带面积的 42.5%，是生产橡胶、椰子、油棕等许多热带经济作物和四大南药的基地；海南的矿产资源种类繁多，已探明的各类矿产有 60 余种，石油、天然气的储量也很丰富；海南岛四面环海，海岸线占全国大陆海岸线的 10.1%，海产品种类繁多……

据知情人士介绍，海南岛由州至省，还有两个重要原因。其一，海南岛是我国的国防前哨地区，又是革命根据地、少数民族聚居地。海南岛 3.4 万平方公里的面积，绝大部分是农村，600 多万人口中有 500 多万农民。中华人民共和国成立以来，海南岛形成了封闭、单一的经济格局，

经济基础十分薄弱，属于相当不发达的地区。因此，就海南岛自身的多种综合性特征和因素而言，它的发展在我国具有充分的典型性，既有利于尽快提高老区人民的生活水平，加强民族团结，巩固国防，又有利于支援全国的现代化建设，对全国的改革开放有着先行试验和借鉴作用。

其二，海南地处亚太腹地，地理位置十分重要，它是我国连接东南亚的前沿，拥有连接欧洲、非洲、澳洲和亚洲南部国家最近的海上航线，而且作为我国位置最南端的交汇点，是航空线、航海线、陆路交通线的潜在枢纽，具有沟通我国与外部世界经济联系的巨大优势。邓小平讲："特区成为开放的基地，不仅在经济方面、培养人才方面使我们得到好处，而且会扩大我国的对外影响。"（《邓小平文选》第三卷，第51—52页。）

"放眼我国社会主义改革开放的历史进程，海南这一'更大的特区'的建立，是邓小平同志着眼于我国改革开放全局布下的一颗重要棋子"。中国（海南）改革发展研究院院长迟福林在《我的海南梦——痴心热土三十载》一书中写道。

"中央做出海南建省办经济特区的战略决策，就是要'把门打开'，让海南实行比其他经济特区还'特'的经济政策，经过若干年的奋发努力，将海南岛的经济好好发展起来。"迟福林告诉记者。

发展起来的海南了不得！海南建省办特区后，经济得到了快速发展，仅建省头3年固定资产投资达170亿元。1993年全省国民生产总值达到204亿元，比建省前的1987年增长2.7倍。30年来，海南地区生产总值增长20多倍，地方一般公共预算收入更是增长了200多倍，创造了经济发展史上的奇迹。

30年只是历史的一瞬间，但对只有3.54万平方公里土地面积的海南岛来说，却实现了从封闭落后的边陲岛屿，一跃成为中国改革重镇、开放尖兵的历史跨越。这30年，海南依靠独特的资源、环境、区位和政策优势，不仅找到了可持续发展的路径，更发生了沧桑巨变，成就了华丽蜕变。

## “闯海人”纵身一跃

随着海南建省办经济特区的消息传开，无数年轻人的激情和梦想被点燃，他们如潮水般涌向海南，高潮一直从 1987 年秋季持续到 1988 年夏天，他们有个共同的名字——“闯海人”。

海口市三角池是每个“闯海人”内心深处抹不去的记忆。当时的海口还没有人才市场，市人民公园一侧的东湖一带树荫浓密，“闯海人”就到这里乘凉，大家互通有无，了解信息。不久，三角池和东湖一带，成了闯海者们聚会和交流的场所。

据海南闯海文化研究专家吴志良回忆，当时东湖和三角池每天都是人头攒动，墙壁上贴满花花绿绿的自荐书、招聘信息等，这就是后来在“闯海人”心目中占据很高地位的“人才墙”，也称“闯海墙”。

彼时的海南岛，以大特区之“特”吸引着全国各地各类人才一路向南，心甘情愿将青春和芳华交付于这方热土。“十万人才过海峡”的背后，是特区磁力的彰显，更是“天降大任，舍我其谁”的创业激情。

日本一家知名媒体曾专门报道称：“在中国海南岛海口市的一个叫三角池的地方，形成了知识分子自由流动的集聚地，全国各地来的人在那里可以得到人才交流的各种信息。”

“当时，来海南的人才很多，用工单位在‘人才墙’附近，用不了两三根烟的工夫就能找到合适的大学生。”吴志良说。

20 世纪 80 年代，重点大学毕业生是时代骄子，一般都是四个去向——读研、留校、省市机关和大型国企。海南建省办经济特区后，去海南成了大学生的第五个选择，“去海南比去美国还热”。

1988 年，时年 22 岁，现任海南省工商联主席、海马集团董事长景柱即将从重庆大学机械系锻压专业毕业，一个重大的选择摆在了他面前：

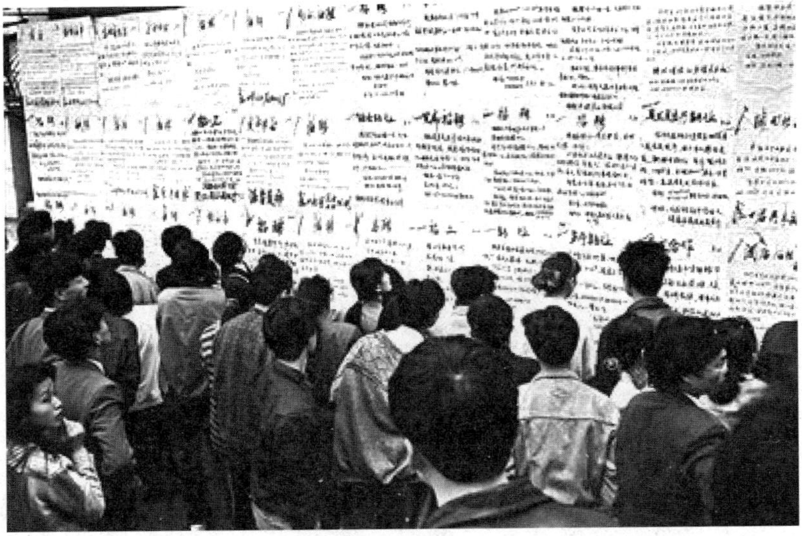

1988年，务工人员在海南省海口市三角池人才墙前找工作

去哪里工作？景柱还记得，当年自己在毕业分配意向表上填的是祖国边疆地区、私营企业或民办科研机构。

揣着90元钱和一本大学毕业证书，景柱登上了南下的火车。“当年来海南，先乘车到徐闻的海安港，准备换船登岛时，我第一次看到大海，当时太兴奋了，穿着衣服就直接跳进了大海。”景柱说。

这奋不顾身的一跃，恰是当时怀揣梦想和激情的一代“闯海人”的真实写照。

然而，理想很丰满，现实很“骨感”。景柱回忆，当时海南还很落后，海口市仅有一个红绿灯。他是拿着报到信来的，虽免去了很多“闯海人”初到海南在人才墙找工作的烦恼，但心理落差仍然很大。

“海南汽车冲压件厂”，这是景柱报到信上的单位名字。通过几番打听，景柱来到了一大片荒地上，“这就是厂子？”景柱不免怀疑起来。

没错，这个大荒地就是海南汽车冲压件厂！“当时厂子里堆满了锈迹斑斑的设备。大家住的都是工棚，一个在华中理工大学毕业的大学生看到我来了，抱着我号啕大哭。”景柱说，现实的差距、语言的障碍、生活习惯的差异，以及海岛的孤寂感，都是他们那代“闯海人”登岛后要克服的障碍。

交了报到信，景柱换来了 4 样东西：一张折叠床、一块木板、一张凉席和一床蚊帐。“这是我当时所有的家当了。”景柱告诉记者，从此，他成了厂里的一名普通技术员。

景柱从技术员、车间主任干起，快速成长为海南汽车制造厂厂长，成为海南的第一批“拓荒者”。“我从一个大学毕业生到海南汽车制造厂厂长只用了 9 年时间，基本上算是一年一个台阶。闯海南遇到了许多挫折，但是，开放的海南岛给了我们这些年轻人施展才华的舞台和机会。”景柱说。

8700 吨、5600 箱！这是景柱来到厂里看到的那些堆积如山的设备。“这是从菲律宾引进的福特汽车冲压厂全套设备，我们这批大学生来了之后，在老师傅的带领下把它们装了起来，这也成了后来海马发展的资本。”景柱告诉记者。

“海南建省初期，汽车工业还是‘一穷二白’，我们却敢说这里将成为一片汽车的海洋。”景柱说，当时媒体报道后，社会一片哗然，一些汽车专家听了也不信，觉得在海南造汽车是天方夜谭。

海马初期的发展源于 20 世纪 90 年代初同日本汽车品牌马自达的合作。当时马自达处于危机之中，急于寻找和开拓新发展空间，而海南却有一个现成的汽车工厂苦于没有产品生产。

当年，马自达的日方负责人来海南考察，看到海南汽车制造厂的冲压设备时，当场就流泪了。“他说终于找到自己的‘孩子’了。”景柱说，福特当时在菲律宾正是跟马自达合作，他没想到在海南找到了这些设备。有此渊源，双方合作水到渠成。

“一个国家、一个企业创立品牌，就是建立民族自信的过程。”景柱说，1989 年，他作为海南首批公派生赴日本研修，在日本大家看什么都觉得是好的，“连一次性纸杯都当成宝贝留着”，正是因为中国当时物质匮乏，没有像样的品牌，国人出去也没有自信。

1999 年，财政部以资产划转方式，将海南汽车制造厂国有资产 100% 划转给一汽集团，并更名为一汽海南汽车有限公司。海南省委则增补景柱为海南省总商会（工商联）副会长，并由海南省委组织部管理他的档案，储备待用。

2001 年前后，景柱组织几百名老员工成立持股会，四处筹措资金，建成了民营海马汽车公司。2004 年，民营海马汽车公司和一汽海南汽车有限公司完全合并，成立混合所有制的一汽海马汽车有限公司。

“我非常庆幸自己赶上了祖国改革开放 40 年和海南建省办经济特区 30 年的大好时代。”景柱说，30 年来，如果说要致敬某种精神的话，

1991 年，时任海南汽车制造厂冲压车间主任的景柱正在调试剪板机。他创新操作方式，大大提高工作效率

那就是“坚忍”，只有“创新实干、坚忍担当以兴业”。

景柱只是当年千千万万“闯海人”中的一个，如今，这些“闯海人”已遍及海南的各行各业，有公务员、企业家、作家、媒体工作者等等，“闯海人”中一部分选择了扎根海南，与宝岛同甘苦、共发展；也有一部分人选择了北上，他们用在海南掘到的第一桶金，在国内的大中城市甚至海外大展拳脚。那段岁月，有苦有泪，欢乐与自由，激情与痛楚交融。无论是哪一种，他们曾经在海南这片热土上奋斗过，深深烙上了“闯海人”的精神印记。

向南，一直向南，直到海南。挤火车、坐大巴、登轮船，一批批“闯海人”来到祖国的天涯海角。有人成功，有人失败，欢喜与失落交织，坚忍与奋斗共舞。但不变的是，海边落日、婆娑椰树、旧船票、“玉兰”号轮船……随着时光凝结成属于“闯海人”共同的记忆。

## “海南从不缺激情与梦想”

“30 年前，海南成为我国最年轻的省，但省会城市海口，却没有出租车、没有程控电话，电力还特别紧缺且持续多年，海口仍是半天便可以走完一遭的边陲小城。”中国（海南）改革发展研究院院长迟福林回忆说。

一组数据说明当时的海南经济相对落后：人均分配水平只有全国分配水平的 83%；85% 的商品靠内地调进；17% 左右的人口尚未温饱。

提起那时的日子，迟福林记忆犹新：“建省初期，海南特别缺电，在大热天，我和 20 多个同事挤在四五十平方米的办公室里，大家一边摇着扇子一边工作，时常加班加点到深夜两点。”

海南岛的政策、体制、社会环境，特别是人们的思想观念，离大特区建设的要求还有相当大的距离。加上当时的国际市场竞争日益加剧，且随着全国改革开放、实施沿海发展战略步伐大大加快，海南奋起直追的压力可想而知。

1987 年 12 月，36 岁的迟福林到海南参与海南筹备建省。“离开北京远赴海南工作，我当时下了很大的决心，完全是奔着事业来的。”迟福林说，直至今日，他一点都不后悔曾做出这样一个决定，因为“海南从不缺乏激情与梦想，她时常让我回想起30年前，那段令人热血沸腾、干劲十足的岁月”。

1988 年 4 月 13 日，七届全国人大一次会议通过了《关于建立海南经济特区的决议》，同意把海南岛建设为我国最大的经济特区，对外商投资可给予比其他经济特区现行规定更加放宽的政策，经济管理体制也更为灵活。

当天，迟福林在北京参加了广东省为海南建省办经济特区举办的午宴。那天中午，他多喝了几杯，为自己能见证这一历史性事件感到荣幸，为自己能够投身我国最大经济特区的改革开放事业中、实现自己的人生梦想和价值感到兴奋。

1988 年 9 月 1 日，海南省第一次党代会的报告中的很多提法都特别新颖。“例如，报告中提出‘建设大特区就是要实行市场经济，自觉发挥价值规律的调节作用。一切经济活动都必须符合市场经济的规律’等。”迟福林告诉记者，当时还没有哪个省的文件正式提出“发展市场经济”，但在这份报告中就提出来了。

每一次思想的大解放，都伴随着一次大发展。在那个思想大解放年代，许多“闯海人”在保守与开放、激情与迷茫中碰撞思想火花，一路向南。“我很幸运地置身其中，共同在大特区见证并书写着传奇。”迟福林说，那时候，意气风发的“闯海人”会因为绿芽冒出土地而喜悦，会因为浪花拍打岩石而欢呼。

以“放胆发展生产力，开创海南特区建设的新局面”为主题的海南省第一次党代会发出了海南改革开放的最强音。今天，重读 30 年前这

2003 年 1 月 7 日，在粤海铁路北港码头，一列货运火车通过铁路栈桥徐徐开进停靠在码头的跨海渡轮上。我国第一条跨海铁路粤海铁路当日开通，海南从此结束与大陆不通火车的历史

份篇幅达 1.4 万多字的报告，仍能感触到那个年代的脉搏。彼时海南解放思想、振奋精神，以海纳百川的胸怀开发建设这片热土的使命感、责任感跃然于纸上。

迟福林的人生价值在不断实现，今年 67 岁的他仍在为海南乃至中国改革发展鼓与呼。从最初的“特别关税区”到“海南国际旅游岛”，再到如今的“全岛建设自由贸易区”，迟福林参与了海南诸多重大区域发展规划的研究。30 年来，海南多项改革走在全国前列——

1988 年，率先推进价格改革，改革粮食购销体制。

1991 年，率先推进企业股份制改革。当时，在深圳上市的 10 家异地公司中，海南就占了 4 家，全国法人股交易的 10 家公司中，海南有 5 家。

1992 年 3 月 9 日，国务院批准海南省吸收外商投资开发建设洋浦经济开发区。

2010 年 12 月 29 日，海南东环高速铁路正式建成通车之际，一列动车组列车从海口开往三亚

1998 年 3 月，国家正式批准海南省为我国第一个生态示范省。

2013 年 2 月 28 日，国务院批准设立海南博鳌乐成国际医疗旅游先行区，这是我国第一家以国际医疗旅游服务、低碳生态社区和国际组织聚集为主要内容的国家级开发园区。

2017 年 9 月 22 日，海南创新考核评价体系，实行差别化考核，其中对三分之二的市县取消地区综合生产总值的考核，把生态环境保护列为负面扣分和一票否决事项。

海南 30 年的改革发展成就既让迟福林感到振奋，同时也有一些遗憾。“30 年来，海南有一些事情没抓住机遇，没有办成，这里面有客观因素的制约，也有主观因素使然。另外，作为一个岛屿型经济体，远离大陆，受区位和腹地等影响，一个同样的政策，放在北京或者上海，其政策效应会比在海南大得多。”迟福林说。

2017年，海南GDP总量是1987年的77.9倍，人均GDP是1987年的52.4倍。没有改革开放，就没有今天海南发生的历史性变化。实践证明，党中央关于海南建省办经济特区的决策是完全正确的。

另一方面，海南建省办经济特区30年后经济发展与发达地区相比仍有不小差距。“这说明海南发展还大有潜力可挖，海南的改革开放还大有文章可为。”迟福林说。

迟福林认为，作为岛屿型经济体，不在开放上下功夫，海南很难实现高质量发展。“只要符合中央精神和海南实际，就要敢闯敢试、敢为人先、埋头苦干，充分发扬特区精神。在新时代，强调特区精神尤为可贵，干事创业的精神状态很重要。”

“海南是岛屿型经济体，开放是海南生存的需要，也是发展的需要。实践证明，什么时候开放的步伐快、力度大，什么时候海南发展就快；反之亦然。”迟福林说，扩大开放先走一步，既是过去30年海南发展的基本实践，也是海南未来30年发展的一条主线，由此形成海南改革发展的行动路线。

1988年的海南百业待兴，崭新地如同一张白纸，从建省那一刻开始，海南一直在变化、在追赶、在进步。30年来，海南经济特区坚持锐意改革，勇于突破传统经济体制束缚。经过不懈努力，海南已从一个边陲海岛发展成为我国改革开放的重要窗口。

## “下岗”的银行行长

有人说他是“下岗行长”，他却说感恩海南。他叫王一林——中国银行海南省分行原行长、现任海南省金融发展促进会会长。

拼版照片为在三亚市鹿回头景区鸟瞰三亚市景今昔对比
（上图为 1991 年 2 月摄，下图为 2018 年 4 月 4 日摄）

王一林是土生土长的东北人，当过知青，干过生产队长，大学毕业后，进入政府部门工作。1988 年，他举家南迁，来到海南。

1988 年 3 月，时任吉林省物价管理委员会办公室副主任的王一林到北京出差，在街头偶遇一位大学同学。该同学从政府部门辞职“下海”，在海南办起投资公司。

此时王一林记忆里的海南，还停留在小学时看过的一部电影。“对于一个在东北黑土地上长大的人来说，美丽的椰风海韵有着巨大的吸引力。”王一林说。

“第一次去海南还有一个原因，就是为了坐一次飞机。”王一林说，为了心中的美景和人生中第一次飞机之旅，他接受了同学的邀请，开始了首次海南之行。

4月初，北方还是一片萧瑟之态，海南却早已阳光明媚满眼春光。首次踏上海南岛，王一林有幸见证了海南建省办经济特区这一激动人心的时刻。

让王一林没想到的是，自己很快就从“看客”成为海南发展的“亲历者”。在海南期间，由于工作关系，王一林认识了时任中国人民银行海南省分行行长韩海京。就在王一林准备离开海南的前一天，韩海京询问他是否愿意调到海南工作。王一林回忆说，自己当时并没有留在海南的打算，便应景留下一句：“来或不来，等我电话吧。”

1988年“五一”过后，王一林回单位上班第一天，单位人事处负责人便找到他谈调到海南工作之事。王一林说，自己当时不敢承认，但对方将中国人民银行海南省分行的《商调函》拿到他面前时，自己才知道事已成真。“不知是语言沟通不畅，还是别的原因，一个美丽的误会就发生在我身上了。”

1988年8月29日，王一林携妻带女再次踏上海南岛。再次打量这片土地，王一林心中已多了一份沉甸甸的爱。

虽然当时的海口发展落后，外部环境也不尽如人意，但王一林坚信海南未来的发展定会很美好，所以依然意气风发、干劲十足。

“来到海南后，我入职中国银行，任海南省分行外汇管理办公室副主任，作为全国最大的经济特区，中央当时给予了海南很多优惠政策。在外汇方面，在海南开办的所有企业都可以保留现汇，并且企业所得税远低于内地省份，这吸引了大量岛外企业落户海南。”王一林说。

1992年，王一林参与了海南外汇调剂中心的筹建。中心成立后，通过电子网络平台进行公开透明交易，开创了中国外汇交易市场的先河，吸引了大量的外来企业和资金。海南发挥了经济特区“试验田”作用，金融创新非常活跃，股份制改革和证券市场试点都走在全国前列。

“1988年到1992年短短几年间，各类信托投资公司多达21家，还有34家城市信用社、3家外资金融机构、3家股份制银行，这些金融机构主要集中在海口，当时的海口可以用‘银行多过米铺’来形容。”王一林回忆道。

但由于当时金融监管滞后，城市信用社管理不规范等原因，金融风险逐渐露出端倪。1995 年，国家为了化解城市信用社的金融风险，决定试点组建城市合作银行。

1996 年 3 月，王一林受命负责海口城市合作银行筹备工作。“海口城市合作银行组建面临的最大困难是清产核资，清产核资过程中，发现各家信用社都不同程度地存在资产质量低、股东贷款、违规账外经营、欠缴准备金、备付金不足、高息揽存、违规进行长期投资等问题。”王一林说，1997 年 5 月份，两个城市信用社首先出现支付困难，引发了海口城市信用社的局部危机。最终，海口城市合作银行因种种原因没有完成组建使命，是 35 个试点城市惟一组建失败的，这让王一林实实在在地感受到金融风险的“伤痛”。

但是，来不及抚平“伤口”，1997 年 5 月，王一林再次临危受命，被任命为海南发展银行（海发行）副行长，这本应是另一个新的开端，可是谁知，很快王一林又多了一个新称号——“下岗行长”。

海发行于 1995 年 8 月正式挂牌成立。“海发行成立的初衷就是为了化解信托公司的风险，这也注定海发行是要承受重担的。”王一林说，1998 年春节后，部分营业网点甚至出现了支付困难。

即便很多人不愿面对，海发行行政关闭的这一天还是来到了。1998 年 6 月 21 日，中国人民银行决定关闭海南发展银行，同时指定中国工商银行托管海发行的债权债务。这是中华人民共和国成立以来中国政府关闭的首家地方银行。随后海南 5 家城市信用社也被关闭，其他几家非银行金融机构也相继淡出人们的视线。

关闭海发行，有利于解开银企债务链，为海南化解金融风险迈出了一大步。但对王一林来说，海发行的关闭，这意味着又一次严重的挫折。他回忆，当天他照常去上班，然而办公桌、档案柜，甚至有的门都被贴上白色封条，环顾四周一片狼藉。自然，王一林也成了“下岗行长”，心中一片孤独沮丧。即便在接受记者采访的当日，提及海发行，王一林依然眼泛泪光。

王一林说，当时自己的内心非常难过，然而更多的是迷茫、反思，经历了繁华又跌至谷底，海南金融到底该何去何从？带着迷惑和思考，王一林开始攻读经济学博士学位。静心学习，让王一林有了更深刻的思考，博士论文《转轨时期中国商业银行风险研究》也印证着思考的成果。

新世纪的第一天太阳升起时，王一林也看到了新曙光。2000 年博士毕业后，中国银行海南省分行向他抛出了橄榄枝，王一林重返海南金融界，担任中国银行海南省分行副行长。经历了时代浪潮的洗礼后，王一林多了些内心的平静和处事的超然。“当时，整个海南岛一下子从盲目发展变得平和起来，重新审视发展的内涵。”王一林告诉记者。

1998 年至 2008 年期间，海南金融体系经过海发行的关闭、5 家信托租赁的退出，两家政策性银行设立、国有银行股改上市、省农村信用社挂牌改革等一系列重大的举措，逐渐走出了泡沫经济破灭留下的阴霾，金融秩序恢复到正常轨道上运行。到 2008 年，海南省金融业已经走上了稳健发展的道路，金融业总体运行稳健。

历经业内的披沙拣金，王一林说，海南的发展有挫折有机遇，海南的金融业发展有过辉煌也出现过低谷。它也给予后人启示，那就是金融改革和发展不能脱离实体经济发展的基础。海南金融经历了跌宕起伏的 30 年，他最希望经营性金融机构加强风险管理、服务和创新的能力，金融监管部门寓监管于服务之中，引领海南金融业更加健康的发展。

风从开放来，潮起天之涯，潮落又潮起，风劲正扬帆。“‘下岗’银行行长”王一林的故事，只是海南金融业发展的一个小小缩影，却反映出了 30 年来整个海南金融跌宕起伏的发展历程，有机遇也有挫折，有辉煌更有低谷。但无论道路是坎坷还是曲折，海南改革开放的脚步从未停歇，金融业创新发展的初心从未改变。

## 楼市，这次不一样

1988 年，海南建省办经济特区是中央给海南的一副“好牌”。然而，这副“好牌”却打出了“房地产泡沫”。房地产过度投机和“房地产泡沫”破裂，曾给海南带来沉重的代价。

1992 年，海南房地产上演了疯狂的一幕。一座总人口不过 655.8 万的海岛上竟然出现了两万多家房地产公司，平均每 300 个人一家房地产公司。一个个不可思议的数字诞生，一夜暴富的神话不断上演。1991 年，海南 GDP 增长 14.9%，1992 年 GDP 增速却暴增到 41.5%。这一非正常高增长，主要是因为房地产炒作拉动虚增造成的。

1993 年 6 月份，中央治理经济过热，银根全面紧缩，一路高歌猛进的海南房地产市场被釜底抽薪。受房地产泡沫破灭的影响，海南经济跌入谷底，海南省 GDP 增长率由 1994 年的 11.9% 迅速降至 1995 年的 4.3%。原本 GDP 增速连续 3 年都是名列全国第一的海南，变成了连续 3 年名列全国倒数。

当时，海南房地产开发商纷纷逃离或倒闭，不少银行的不良贷款率一度高达 60% 以上。“天涯、海角、烂尾楼”一时间成为海南的 3 大景观。直到 2007 年 6 月底，海南省处置积压房地产办公室正式结束其使命，海南才彻底甩掉手上的“烂尾楼”。

2018 年 4 月 13 日下午，国家主席习近平在庆祝海南建省办经济特区 30 周年大会上宣布，党中央决定支持海南全岛建设自由贸易试验区，支持海南逐步探索稳步推进中国特色自由贸易港建设，分步骤、分阶段建立自由贸易港政策和制度体系。

海南 30 周岁生日，党中央赋予海南新的使命，给了海南一副更好的“牌”。一时间，海南房地产业“蠢蠢欲动”，加价、超售等违法现象频出。

国务院参事室参事、住房和城市建设部原副部长仇保兴在 2017 年底举行的中国人民大学城市与房地产高端论坛上曾提出，“海南房地产的教训不能忘”。

仇保兴说，海南房价顶峰时达到了每平方米 7500 元，到了 1993 年就跌了 47%，1994 年又跌了 13%，1995 年再跌去了 10%，银行坏账突增 60%，最好的资产一个晚上就变成最坏的资产。当时的教训，对于当前的房地产市场仍具有参照价值。

海南吸取了教训。在全国两会上，海南省省长沈晓明明确表示，“减少经济对房地产的依赖，对海南来讲，会很痛、会出血，不下大的决心确实不容易做到，即便如此，海南还是要痛下决心严控房地产”。

2018 年 3 月 30 日，海南就已将房地产调控升级，下发《关于做好稳定房地产市场工作的通知》，规定非本省户籍居民家庭在海南省范围内只能购买一套住房，社保从两年升级为 5 年，首付比例不得低于 70%，取得不动产权证之日起 5 年内禁止转让。

庆祝海南建省办经济特区 30 周年大会结束 3 天后，海南省住建厅火速发布《关于进一步贯彻落实稳定房地产市场要求的通知》，措辞严厉，提出明确预警，“防止任何形式的宣传炒作和哄抬房价行为”，并要求，“传达到每一名销售人员，做到全覆盖，不留死角”“对违法违规的房地产开发企业、中介机构及其从业人员要依法依规给予最严厉的处罚，直至清出海南市场”。

但总有人顶风而上。4 月 18 日晚 11 时，海口市龙华区观澜湖观园项目连夜开盘，现场人头涌动，抢购火热。当晚，海口市住建局接到线索举报后迅速反应，组织检查组赶赴项目营销现场，及时叫停不规范营销活动。

检查组现场约谈项目开发企业和中介机构负责人，责令有关企业立即整改，并开展现场执法工作，依据现场调查认定的违规销售行为，给予开发企业海南胜虹实业有限公司及中介机构海南中策信德地产顾问有限公司、海南链家旅居产业科技有限公司、海口房网乐居有限公司、海南人家地产营销策划有限公司等5家企业共计处罚150万元。

据不完全统计，4月中旬以来，海南省已密集处罚数十家违规房企和中介。这一次，海南真的不一样了。虽然短期来看，海南经济会受到一定影响。但从长期而言，这对海南经济影响无疑是正面的，海南将腾出更大空间来保护环境、改善环境，让生态恢复曾经的光彩，也让旅游业迈上健康发展的道路。更重要的是，此举未来将帮助海南摆脱房地产给GDP带来的压力，摆脱财政对房地产的依赖。

事实上，为打破“提起海南，就是房地产”的刻板印象，海南一直在努力，构建更加多元、完备的产业体系。沈晓明认为，海南经济的出路在于“两条腿”走路：一方面，海南要大力发展旅游业、热带特色高效农业、互联网产业等12个重点产业；另一方面，要大力提高消费在经济发展中的比重，利用好国际旅游岛的离岛免税政策。

为了推进这12个产业发展，海南相继出台《关于提升旅游产业发展质量与水平的若干意见》《关于促进房地产业转型发展的意见》《海南省低碳制造业“十三五”发展规划》等扶持政策和规划。统筹财政资金扶持12个重点产业发展，清理整合相关领域专项资金111项，涉及金额67.4亿元。

海南的发展靠产业也靠理念。“在当前改革开放新的历史关口，国家主席习近平和党中央赋予海南全岛建设自由贸易试验区逐步探索、稳步推进中国特色自由贸易港的重大责任使命。我们一定要充分认识国家主席习近平重要讲话和指导意见的重大意义，切实把思想和行动统一到国家主席习近平重要讲话精神上来，抓住千载难逢的发展机遇，破除岛屿省份发展面临的体制机制障碍，充分发挥全国最大经济特区的改革开放试验平台作用，为全国提供更多可复制可推广的经验。”海南省委书记刘赐贵说。

海南三亚湾全景

曾经，海南建省办经济特区这副“好牌”，由于“房地产泡沫”几生几灭，严重拖累了海南经济社会发展。如今，海南正大刀阔斧整顿房地产市场，重拳打击加价、超售等违法现象，保证了房地产市场的平稳发展。也让人不得不感慨：房地产市场，这次不一样；建设新海南，这次不一样。

## 结语

潮平岸阔风帆劲，三十而立又逢春！海南借助新政，开放大门越开越大。《中共中央国务院关于支持海南全面深化改革开放的指导意见》，赋予海南经济特区改革开放新的重大责任和使命，为海南深化改革开放注入强大动力。经国务院批准，2018年5月1日起，在海南省实施59国人员入境免签政策，入境后停留时间延长至30天，进一步支持海南全面深化改革开放。

扬帆逐梦新征程。在以习近平同志为核心的党中央坚强领导下，而立之年的海南，正乘着新时代的浩荡东风，以更加饱满坚毅的姿态，击楫争先、破浪前行，继续谱写美丽中国的海南篇章。

# 浦东风来

## 上海浦东新区决策、开发纪事

谢国平

今日陆家嘴风景线

## 编者按:

1993年12月13日，在上海寒冷的冬日中，89岁高龄的中国改革开放总设计师邓小平坚持冒雨视察杨浦大桥。当他看到浦东新区翻天覆地的变化后,老人家兴奋地吟出了“喜看今日路,胜读百年书”的诗句。

20世纪80年代看广东，90年代看浦东。无论是在中国改革开放的大局中，还是在中国区域经济的版图中，上海浦东新区都占有重要位置。20世纪90年代，在改革开放的紧要关头，按照“不能收，要比过去更开放”的殷殷嘱托，上海干部群众以“杀出一条血路”的决绝，只争朝夕，一日千里，向国人贡献了难能可贵的“浦东速度”“浦东经验”“浦东精神”。

1990年春节，上海市下起了并不常见的大雪，纷纷扬扬的雪花带给人们一丝惊喜。在上海西郊，一座绿荫掩映的宾馆内，邓小平第三次在上海度过春节。

窗外，不时传来贺新春的爆竹声，焰火不断在空中闪过。但是86岁的邓小平没有休息，而是在不断思考，一根接着一根抽烟。外表平静，心骛全球大势，一项重大的战略决策正在内心形成。

除夕之夜，他同上海党政军负责人共庆新春佳节。祝福和展望未来声中，他郑重地对上海市领导提了一个问题：请上海的同志思考一下，能采取什么大的动作，在国际上树立我们更加改革开放的旗帜。

邓小平说话一向简短直白，言语中也没有晦涩难懂的理论色彩，微言大义。听者也明白邓小平此话的分量。那么，是什么样的动作呢？

## 要再造几个“香港”

20世纪80年代末，国际风云急剧变幻，就像一场魔术让全世界的观众目瞪口呆。

当时，中国的经济状况并不为海外投资者看好。中国在改革开放、经济建设、国际关系等方面遭遇困难。

在连续的几次谈话中，邓小平都谈到了中国的对外开放：

“现在国际上担心我们会收，我们就要做几件事情，表明我们改革开放的政策不变，而且要进一步地改革开放。”

“我过去说过要再造几个‘香港’，就是说我们要开放，不能收，要比过去更开放。不开放就发展不起来。”

1979年，邓小平一锤定音，批准了在中国南方边陲举办经济特区，在远离北京政治中心的几个小镇，向世界开了扇窗户。经过10年的发展，曾经的边陲小镇已经变成了一个现代化城市，深圳以年均经济增长26.9%的速度创造了经济特区奇迹。

曾有一个美国新闻代表团在访问中国期间去了深圳，其中一位成员在其访问手记中记录了这样一段对话：

“真没想到，这个普通美国人听也没听说过的城市（指深圳）有这么多高楼大厦。跟它一比，我觉得我们那个城市就像个小渔村。”

“我觉得这些年被自己的同行们骗了，他们总说中国怎么怎么不好。”

10 年后，邓小平显然已经不满足于深圳、珠海这几个经济特区的对外开放，他要找到更强有力的支撑点，撬动中国改革开放在更高的起点上加快发展。因此，他说，要再造几个“香港”。

在哪里造“香港”呢?

邓小平的视线投向了上海，投向了上海黄浦江东面的那块土地。

那时的上海在改革开放、经济与社会发展过程中面临着重重困难，时任市长的朱镕基也面临着巨大压力。

1980 年 10 月 3 日，中共上海市委机关报《解放日报》在头版发表了上海社会科学院一位学者的文章《十个第一和五个倒数第一说明了什么？——关于上海发展方向的探讨》，直言上海面临的困境。

文章列举了上海经济指标在全国 10 个第一后，称上海城市建设等方面有几个全国“倒数第一”：市区平均每平方公里有 4.1 万人，城市人口密度之大，为全国之“最”；人均绿化面积仅 0.47 平方米（像一张《解放日报》那么大）。建筑之密，厂房之挤，道路之狭，绿化之少，均为我国大城市之“最”；上海市区按人口平均计算，每人居住面积为 4.3 平方米，4 平方米以下的缺房户有 918000 多户，占全市户数 60％左右，缺房户比重之大，为全国之“最”；上海平均每万辆车一年死亡人数为 42.5 人，车辆事故为全国大城市之“最”。

此文一出，反响强烈。文章戳到了上海的痛处。报社收到 300 多篇来稿，当天的《解放日报》零售脱销。

造成这种城市畸形发展的原因很多，比如城市发展没有边缘的约束，

解放日报

JIEFANG RIBAO

# 十个第一和五个倒数第一说明了什么？

## ——关于上海发展方向的探讨

市科协大力培训在职科技人员

就蔬菜、污染、住房等问题听取群众意见

抓紧检修设备 确保节后生产

杨树浦煤气厂搞好节日生产

人民欢乐我幸福

胜利了更要多读马列

上海国际举重邀请赛12日揭幕

中共上海市委机关报《解放日报》1980年10月3日的头版

摊大饼式地四面扩张，久而久之，城市布局严重不合理和城市运行严重不经济，20 世纪 80 年代的上海可以说是这种表现的经典案例。

曾在 1981 年至 1985 年任上海市市长的汪道涵退休后曾遗憾地说过这样的话："在我当上海市市长期间，每天早晨我看到马路上有那么多的煤球炉在生火，到处是烟雾腾腾，那么多马桶在马路上刷洗，我真感心痛。"

曾任浦东新区区长的胡炜回忆："20 世纪 80 年代初的时候，我是黄浦区的房地局长，当时上海人的居住环境非常窘迫，那时实行的是福利分房的政策，只有困难户才可以分到福利房，人均两平方米才符合条件。当时我到一户家庭走访，这户人家是三代七口人，11 平方米，他们是怎么睡觉的呢？他家有张上下铺的床，四个人睡在上下铺，一个人打地铺，一个人睡在桌子上，一个人在箱子上搁块板睡在上面。如果要在家方便，其他人就要出去，夏天洗澡也只能出门回避，这也造成上海的弄堂总是那么热闹。"

正因为一直心存这种内疚和深深的不安，汪道涵从 20 世纪 80 年代初起就筹划要开辟一个上海新区，以解决上海在城市发展中的困难。而这种内疚和不安也深深地埋藏在上海的不少领导干部心中，日后成为浦东开发开放的一种巨大的原动力。

当时，海外回来探亲访友的侨胞，几乎可以熟门熟路地找到几十年前的旧居——上海大部分地方几乎没变过。要说变了，那就是铁锈和腐木比以前更多了——上海曾被时任美国总统的福特称为"生锈的城市"。来华采风的意大利电影艺术家安东尼奥尼把上海称为"二战前西方建筑艺术的活化石"。

往事不堪回首，上海这个中国最大的工商业城市，曾有"东方巴黎"之称的城市怎么会是这样的状态！

摆在时任上海市委、市政府面前的是一连串让人尴尬的数字：新中国成立后，上海在计划经济体制下，从 1949 年到 1979 年的 30 年间，

20 世纪 80 年代后期，上海得了严重的“城市病”，普通市民生活的弄堂里拥挤不堪

物价年平均上涨率只有1.3%。而到了20世纪80年代后期实行双轨制后，原材料价格上涨，但上海产品的生产、销售、定价仍被“计划之手”牢牢控制。计划定价，一件棉毛衫的利润只有两分钱，企业还有什么活路？

上海《解放日报》也发表记者的文章，直言上海：一边是几千种商品价格上涨，一边是地方财政收入的连年滑坡。

从1978年至1990年，上海国内生产总值从272.8亿元增长到了744.6亿元，年均递增率为7.45%，比同期全国平均的8.72%低1.27个百分点。在这12年中，上海国内生产总值增长率略高于全国平均水平的只有3年，其余9年均低于或远低于全国平均水平。因此，上海的综合经济实力在全国的地位已大大下降，1978年上海创造的国内生产总值、社会总产值、国民收入和工业总产值，占全国的比重分别为7.60%、8.65%、8.16%和13.0%，而1990年已分别下降到了4.21%、5.37%、4.29%和4.85%。

这一时期，上海以计划经济为主，产业结构以国有企业为主。在1979年从安徽凤阳小岗村掀起并席卷全中国的农村改革大潮，并未使上海直接受益。在城市改革方面，上海又比中国的其他城市晚了5年。承包、租赁及用工制度等改革已由重庆、武汉、沈阳、广东抢得先机，上海却没有动作。

美国著名咨询智囊库——兰德公司的专家说，中国的经济中心已出现南移趋势，广东将取代上海。

但是，上海仍在“对内地负起经济责任”，仍在为全国“供血”。1985年前，中央政府对上海的财政基本上是属于“统收统支”，用曾担任上海市市长汪道涵的话说：“上海是中央财政。”具体来说，就是上海当年的利税收入上缴中央，上海要用钱再向中央申请。

上海曾被称为“中国计划经济的堡垒”，到了20世纪80年代后期，中国出现了计划和市场的双轨制，计划和市场不断地博弈着，引发了许多奇特的现象。一段时间内，长期计划体制下所产生的“路径依赖”使得上海不得不承受更大的困难。

朱镕基是从国家经委来到上海的，到任后他发现自己手中没有钱、没有物。上海没有矿产资源，原先生产需要的原材料是由国家统一计划调拨，但是双轨制后上海只好拿桑塔纳、彩电、冰箱去和兄弟省市换原材料，甚至连猪肉都要换，市政府开会时还要通报猪肉库存。

经济学家、上海社科院原副院长姚锡棠清晰记得当年汪道涵经常召集各部委开会，每次总会说到一个话题——“今年的原材料缺口怎么办”。

姚锡棠道出了其中的原因：上海有技术、有人才、有传统、有经验，唯独没有原材料。之前是依靠国家全力保障上海。1978 年改革开放，以广东为代表的南方地区经济迅速崛起，苏浙沿海也迸发出强大活力，各地经济都在快速发展，都需要大量的原材料。因此，上海的原材料就更加紧缺了。

因为这种艰难的情况，日后上海就有了开发浦东——建设“新上海”，减轻“老上海”压力的强烈冲动。

1988 年 4 月 25 日，朱镕基在上海市九届人大一次会议上作为市长候选人发表演讲。他坦言：“到上海来了后，这三个月的白头发比什么时候都多。”他大声说：“目前上海的困难还没有走到谷底，应该有一种危机感，然后从危机感里面激发起奋发图强的精神，哀兵必胜啊！”

对于上海的困境，朱镕基提到了“浦东开发”。他说，目前我们的希望是开发浦东，黄浦江上面多建几座大桥，把工厂、人口向浦东疏散，这样旧市区才便于改造。这件事情是非常重要的。浦东是上海未来的希望，那边要建设一个“新上海”，以减轻“老上海”的压力。所以对开发浦东，江泽民同志很重视，最近要主持讨论这个问题。这个建设是一个宏伟的计划，不可能在短期实现，但是我们总是要扎扎实实地去工作，先苦后甜。

会上，一个明晰的共识印在了每个代表的心间：浦东是上海未来的希望，那边要建设一个“新上海”。

深圳、珠海……当中国改革开放造就越来越多人间奇迹的时候，邓小平——中国改革开放的总设计师，设想再造几个“香港”。上海，责无旁贷；但上海，却也负重难行。一边，是上海经济指标在全国10个第一；一边，是上海在人口密度、绿化面积等指标位列队尾。在上海浦东建一个新上海，被提上日程。

## 宁要浦西一张床，不要浦东一间房

如果面对中国地图，平心而论，浦东是一个一马平川的好地方，是由中国的母亲河长江夹带的泥沙，经历千万年积淀而成，故有人称之为“长江之子”。

在整个中国的版图上浦东属于长江三角洲平原，是“大三角”中的“小三角”。浦东东临大海，西边紧靠终年不冻的黄浦江。属于北亚热带季风气候，年平均气温16℃左右，全年无霜期约230天。这片肥沃的土地不像中国的北方雨水少而常常发生干旱，也不像中国的南方雨水过多而造成土壤中石灰质的流逝，日照充足雨水适宜，是典型的中国江南平原。

按理，浦东应该像欧洲地中海沿岸的国家靠着海洋繁荣起来。但公元1525年，明朝沿海地区官员都接到了一道皇帝的“海禁”圣旨——销毁了出海的船只，封建统治者开启了与世隔绝的海禁。面朝大海的浦东人，日复一日地劳作，海浪周而复始地洗刷着海滩。大海彼岸与他们毫无关系。

曾有学者从地理上分析了浦东不能向海洋发展的原因：浦东东濒大海，长期泥沙淤积的结果，使沿海海底层尽是“铁板沙”，船舶不但不能停泊，而且还有危险。“潮来皆水，潮去成涂，沙性坚硬，故名‘铜沙’，海船误行其上必碎。”因此，数十里浦东海岸基本上无港口可言。

而浦东的西边有一条黄浦江，是上海的母亲河，蜿蜒114公里，从西南方流入上海，横穿市区后直抵东面的吴淞口，注入长江，通向太平洋。

世界上有很多城市被一条河流穿越。如纽约、伦敦、巴黎、布达佩斯。这些城市并没有因为一河穿越影响共同繁荣。但在上海，就因一条河的原因造成了两岸经济社会的巨大落差。

其实，浦东现代经济起步并不晚，1864 年以前上海开办的 9 家外资船厂，有 5 家在浦东。1890 年，当时中国最大的火柴厂燮昌火柴公司在浦东投产。此后，世界烟草巨头英美烟草公司、中国“毛纺大王”刘鸿生都在沿江开设工厂。英美的石油公司如美孚、亚西亚、德士古等公司也在黄浦江东岸占据了很长的岸线，开设油库码头。

浦东的这种沿江码头经济发展，也打破了阡陌纵横的乡村景致，伴随着村落一批批的消失，代之而起的是工厂、码头、仓库或居民点。浦东开始向城市化发展。

码头经济吸引了大量贫困的、破产的上海周边地区的农民，他们举家划着小舢板来到浦东，上岸后船底朝天当屋顶遮风避雨。有的连船也没有，找点芦席稻草竹竿，搭个草棚，作为栖身之所，俗称“滚地龙”。沿江码头、仓库、工厂外围几乎全是草棚，形成了棚户区，也就是贫民窟。

这些棚户区的居民抬首可望黄浦江对岸外滩高楼摩天，霓虹闪耀，自己却终生蜗居“滚地龙”中，或与月光或与灯油厮守相伴。

100 年前，一位海外来访者这样描述了浦东沿江景象：远眺芦苇丛生的江滩，但见满是搁浅的遇难船只残骸和漂浮上岸的货物，还有木桩和水坑。夏日西下，江滩上暑热难挡；到了冬季，西北风同样呼啸肆虐。寄生此地的人们也许能得到些许实惠，但我们很难承认对拖家带口的居民而言，这是个理想的栖息之地。

也就从 20 世纪初开始，黄浦江开始渐渐变宽了。从 1907 年起当局开始进行疏浚航道，形成宽阔的江面，通行万吨巨轮的黄金水道。大量的商船可以通行无阻了，但也造成在黄浦江上架桥更加困难，因为桥面必须高于江面数十米，才不致影响通航。而要便于汽车过桥，引桥必须建得很长。过江难就这样形成了。

在上海人眼里，黄浦江就像一条天堑。两岸交通只靠一叶小舟摆渡，江面辽阔，一旦风狂浪涌，就有舟翻人亡的惨相。

也因为这条天堑，上海开埠后城市的发展改变了走向，即由东向西发展，也就是从黄浦江的西面外滩开始，之后有了公共租界，有了南京路，甚至在上世纪的30年代，还有了在上海的北面兴建大上海中心的计划。因为上海向西发展的思路，到了上世纪80年代浦东和浦西已经完全不能比了。

浦东市政建设落后，交通不便，文化设施几乎空白。上海一位叫陆幸生的记者回忆：上世纪80年代他到浦东做了一次“深入采访”。由头竟是：浦东地区没有一家公家的新华书店，浦东的学生要买复习资料，要到浦西来；于是浦东有个张姓的年轻人，在人行道上搭建了一间一层半小房子，铺面卖书，上面是个直不起腰的阁楼供睡觉。

“太落乡了（上海方言，意为落后的地方）！”有人提及浦东不免会用轻蔑的口吻这样说。上海人的住房紧张，但却说“宁要浦西一张床，不要浦东一间房”。

在上海的版图上，黄浦江绕了一个弯后流入长江口。故有作家写道：黄浦江，上海的母亲河真是有点偏心，她在奔向大海的途中弯了一下腰，把繁荣送给了浦西，把落后留给了浦东。

这一状态终于从1990年的那个春天起开始改变。1990年春节期间，上海市领导人向邓小平汇报了开发开放浦东的设想。邓小平欣喜地说，这是个好事。

2月13日晚，邓小平返回北京，在前往火车站的途中同朱镕基谈话。在谈到开发浦东时，邓小平带着惋惜和鼓励的口气说：你们搞晚了。但现在搞也快，上海条件比广东好，你们的起点可以高一点。从20世纪80年代到90年代，我就在鼓动改革开放这件事。胆子要大一点，怕什么。

作为中国改革开放总设计师，邓小平的眼中开发浦东绝非是上海一

1990 年 5 月，从浦西看浦东陆家嘴

地的事，对于上海在对外开放方面拥有的优势：地理位置、交通条件、人才资源、国际交往的联系和经验等等，他看得清清楚楚。

邓小平已经将上海浦东开发开放视为手中的一张王牌，开发浦东“不只是浦东的问题，是关系上海发展的问题，是利用上海这个基地发展长江三角洲和长江流域的问题”。这意味着，进入 20 世纪 90 年代，中国对外开放的区域开始由南向北转移。这又是中国改革开放史上一个具有战略意义的大转移。

此时，中国的改革开放、经济发展和城市化进程都已经到了一个关键性的、具有历史转折意义的新阶段。在这个关键的“十字路口”，急需在整体思路上寻找到新的突破口，在地域上需要一个带动力强、腹地广阔、对国内外可产生巨大带动效应的城市或地区进行更大程度的先行开放试验，以此来促进中国对外开放的进一步深入。

邓小平的视线越过层层迷雾，穿透历史和未来。一种崭新的思路在他心中形成：浦东开发开放要成为一项跨世纪的国家战略。

经历过战争年代，指挥过千军万马的邓小平深知战机稍纵即逝。满弓搭箭，总设计师期望浦东成为 20 世纪 90 年代中国最强力的箭头。

1990 年 4 月 18 日上午，风和日丽，湛蓝的天空飘着一丝白云，历史意义的一刻来临。时任国务院总理李鹏在上海宣布中共中央、国务院关于开发开放上海浦东的决策：原则批准在浦东实行经济技术开发区和某些经济特区的政策，并将浦东开发开放作为今后10年中国开发开放的重点。

在上海人眼里，黄浦江的两岸即是两个不同的世界，一边繁华，一边萧索。尽管住房紧张，上海人却说“宁要浦西一张床，不要浦东一间房”。但也正是这种后发优势，让浦东如同一张白纸，可以画出世界上最美的图案。浦东得以站在前人之肩，高起点、高水平、高标准地开始新的探索。

1990年5月3日，上海市人民政府浦东开发办公室和上海市浦东开发规划研究设计院正式成立

## 向世界“借脑”

浦东究竟应怎样开发？早在 1989 年 10 月 26 日，上海市研究浦东开发专题会上，朱镕基就提出：“上海的发展一定要考虑面向太平洋、面向未来，各种基础设施的布局一定要按这个要求。”

1990 年 12 月，朱镕基主持了浦东新区总体规划审议会，并计划先从黄浦江边的陆家嘴金融贸易区开始，打造一个中国与世界、现在与未来相融合的上海新标志地区。为此，浦东率先向全世界的建筑设计师征集规划设计方案。

1992 年 11 月 20 日，上海国际贸易中心三楼，5 个精心制作的陆家嘴金融贸易区中心区域的规划模型摆放在中央，世界顶级规划设计大师们围着模型而坐，各抒己见。

经过 17 轮讨论修改，历时两年，最后完成了陆家嘴中心区域的规划。这在中国历史上是第一次为一个地区规划进行国际咨询，第一个汇集国际智慧的规划方案。

这样的国际招标在现在看来很普通，但在那时的中国是一个突破。有很多人表示怀疑：“一个城市的规划，向全世界征求方案，在当时是否触动了‘红线’。”

浦东新区管委会原副主任李佳能说，在 20 世纪 90 年代初，基于国家安全考虑，城市的设计规划通常被认为是“保密”的，参与设计人员都有严格的要求，更别提花大价钱请外国人去设计和规划。

还有人认为这费时间，而且还很花钱，没有什么必要。比如，浦东那条著名的世纪大道，是邀请了多方设计机构竞标，最后由法国人中标，当时也受到质疑：就造一条马路也要外国人来设计，花费上百万？

又比如，到陆家嘴金融贸易区的人无不赞叹陆家嘴中心区域的一大片绿地，草地、阳光、蓝天、湖水，草地上散落银杏树叶，鸟儿从空中掠过。

不过大片绿地的建造最初也有着理念冲突。那是 1992 年冬天，陆家嘴中心地区规划及城市设计国际咨询会在上海举行。英国、法国的两位专家陈述了自己的设想："陆家嘴四周是建筑群，中间建一块圆形的绿地，让人与自然融合，置身于大自然的环抱当中。"

有人问道："建中心绿地需多少土地？"

外国专家回答："要占地 10 公顷。"

一时间，会场震动了。陆家嘴是一块黄金宝地，在这里发展房地产必将产生黄金收益。而在此建绿地，不仅赚不了钱而且还要投钱！

"这样的想法，何止是设计上的突破，更是观念上的碰撞，在场的人有些坐不住了。"李佳能回忆说。

但通过国际招标后，浦东建设者在与外方的交流中达成了共识，高楼林立的金融贸易区不能只有"水泥森林"没有绿荫。

后来，这块绿地被媒体称为世界上最昂贵的绿地，在高楼林立的水

1998 年的陆家嘴金融贸易区初现规模

泥森林中就像一块绿宝石镶嵌其中。

联合国前任秘书长加利光临浦东后由衷感叹："你们正在进行一场世界奥林匹克建筑设计大赛，这是浦东的骄傲，也是联合国的光荣。我祝你们成功。"

一所世界性新城的建设，必须要具有世界性眼光，汇聚世界性智慧。但浦东新区总体规划涉及的陆家嘴金融贸易区，向全世界的建筑设计师征集规划设计方案，就引发诸多非议。在时人看来，中国城市建设规划让外国人置喙，已经触碰到了"红线"。观念的碰撞、理念的冲突，没有能遮挡浦东最终靓丽的风景线。

## 要不要发展第三产业

曾经有学者认为，如果说 20 世纪 80 年代的深圳改革开放是整个中国改革开放战略中的"破冰之旅",那么浦东开发就是中国改革开放的"攻坚之役"，是改革开放总体上的升级。

浦东开发启动后，这种攻坚首先体现在浦东选择了第三产业实现突破，通过集聚要素市场，在中国改革开放进程中实现了"惊人一跃"。

今天"第三产业"这个名词，人们耳熟能详。但在 20 世纪 80 年代，人们对之既陌生又疏远。"当时对于发展第三产业，很多人思想不通，觉得第三产业不创造财富，就连当时的统计指标都只有工农业产值，而没有一个关于第三产业的。"姚锡棠说。那时候，对于是不是要发展第三产业这件事，领导和学者们的态度都非常严肃。

这并非笑话，而是真实的历史。

在中国发展第三产业并不容易，计划经济时代，中国经济拷贝苏联模式，一向是以工业为中心，而且是以重化工业为主。即便到了 20 世纪 80 年代，中国对外开放也以第二产业为主，尽管市场经济有了长足发展，但第三产业的大多数行业还处于对外封闭状态。

在“三个先行”方针指导下，浦东有了中国第一家保税区——外高桥保税区、第一家金融贸易开发区——陆家嘴金融贸易区、第一家中外合资商业零售企业、第一家外资银行，等等。第三产业发展走上了快车道。

在浦东开发开放的历史中，有两个时刻体现了发展第三产业的“惊人一跃”。

第一个时刻是1990年12月19日11时，在欧式风格的浦江饭店内，上海证券交易所总经理尉文渊敲响了开市铜锣，一时国内外反响强烈。将早已被撤掉的证券交易所重新开张，显示了中国继续对外开放，上海重塑金融中心的决心。

继上海证券交易所成立后，上海的要素市场建设也高潮迭起。上海期货交易所、中国金融期货交易所、上海钻石交易所、上海石油交易所也一一在浦东陆家嘴金融贸易区亮相，这些交易平台的建立，初步为上海搭建起了全国性的金融体系。

第二个时刻是1995年12月20日，日本八佰伴、香港八佰伴和上海第一百货商店合资的上海第一八佰伴在浦东开张，107万顾客顶着凛冽寒风，潮水般涌入商场。这一数字，也被载入吉尼斯世界纪录。

在上海第一八佰伴开业之前，中国国内的商业界里并没有外国投资者涉足，上海第一八佰伴打破了中国商业界中资经营一统天下的局面。

如果再将历史的镜头拉远一点，更能看清楚浦东发展第三产业、集聚要素市场的意义。1993年11月，党的十四届三中全会通过了《中共中央关于建立社会主义市场经济体制若干问题的决定》。会议指出，社会主义市场经济体制是同社会主义基本制度结合在一起的。建立社会主义市场经济体制，就是要使市场在国家宏观调控下对资源配置起基础性作用。

不过，如何建立社会主义市场经济运行体制和机制，如何发挥市场的资源配置的基础性作用，中国人并没有经验。上海的领导和专家学者看到了这一点，很自然地借助浦东开发将发展和培育要素市场，作为重点突破口。

多年后，曾有记者描述了浦东的要素市场在全球资源配置中的表现：每个工作日的上午北京时间九时一刻，总部设在上海浦东的中国外汇交易中心随着交易员轻轻敲击键盘，一组数据即刻传遍全球。一刻钟后，另一组令人关注的数字又从浦东陆家嘴金融区的上海证券交易所传出。

全球各地成千上万的金融机构、外汇交易员、进出口商及投资者们都会在这个时候，等待着来自上海浦东的数据。

对这些数据，新华社一位记者称之为“浦东价格”。这意味着浦东正在成为全球的“定价中心”之一。

比起硬件规划带来的冲击，上海浦东新区应该容纳哪些软件的争论，可能更为激烈。在重视第一产业、第二产业的环境之下，浦东要不要发展第三产业、发展哪些第三产业，一度成为颇具争议的话题。所幸的是，在“全球金融中心”的准确定位下，上海第三产业特别是金融产业，步入了发展快车道。“浦东价格”，也逐渐成为世界金融市场不可小觑的力量。

## 中国的浦东 世界的浦东

浦东开发后，大量投资者来到浦东，盖楼就成为必须。那么，盖什么样的楼？浦东的投资者来自世界各地，有着不同的文化背景，如何进行中外文化的融合就成为建设者所考虑的。

1992 年，外经贸部打算在浦东找一个最好的地方，为各家外贸进出口总公司盖一幢“中华第一高楼”。最好的地方就是在陆家嘴金融贸易区的沿江核心区，要建 88 层，420 米。

浦东要建“中华第一高楼”也吸引了全球建筑师的目光。1993 年 2 月，浦东正式面向国际开始了金茂大厦设计方案的招标。众多实力雄厚的建筑事务所纷纷来到上海。9家设计机构投入了竞争，其中有日建、波特曼、SOM，都是国际顶尖的建筑设计巨头。

SOM 建筑设计事务所是世界超高层建筑的权威设计机构。但日建也志在必得，光准备方案，就花掉了 100 万美元。投票表决那天，12 位评委把注意力集中在了日建和 SOM 的两个方案上。最后来自日本的黑川纪章却把手头的一票投给了 SOM，他说："要是日建获胜，那么我会觉得耻辱，因为 SOM 的方案太出色了。"

SOM 能够脱颖而出的关键是把中国文化之精髓深深地融入了这座大楼。

美国设计师接手这个项目的投标任务后，首先考虑的是如何将现代超高层建筑与中国历史建筑文脉相沿袭。他们在中国大江南北寻找了大量古代高层建筑的式样，最终他们选定了西安的大雁塔作为构思上海金茂大厦的原型。

中国文化深深地植入了这座钻石般精致的建筑，88 层高度，八角型外观。尽管浦东高楼林立，但路人都会被金茂大厦宝塔外形所吸引。

《中国国家地理》杂志 2007 年第 5 期登载了一张照片：两个外国人坐在高空中，其中一人探出平台伸出两个手指转身做胜利状，他们身后的背景是东方明珠电视塔、黄浦江和林立的高楼大厦。照片说明写道：寻求刺激的外国人选择上海金茂大厦作为跳伞平台情有可原：这里号称"中华第一高楼"。在古老中国最具现代感的城市上空进行西方式的探险似乎意味深长——完成了古老与现代、东方和西方的对接。

浦东的世纪公园，也是不同文化交融的结晶。当时，浦东要建一个 140 公顷的中央公园，浦东方面邀请了美国、日本、德国、法国、英国、中国的 6 家设计事务所来设计。最后选定了英国的方案，据公园建设指挥部总指挥朱纯宏回忆，"英国设计将中国传统园林文化与西方的大草坪结合，效果很好"。

上海浦东世纪公园（2018 年 6 月 25 日无人机拍摄）

据介绍，为设计这座公园，英国设计师们骑着自行车，逛遍了上海大大小小的公园，了解中国文化和中国人的生活状态。他们看到在中国公园里有人下棋，有人跳舞、唱歌，有人喝茶，有人打太极拳，等等。

不同文化在这座后来被称为“世纪公园”的设计中实现了融合，英国设计师巧妙地做到了“人与自然的结合，中西文化的结合”，成就了上海最大的富有自然特征的生态城市公园。

时任浦东新区管委会主任赵启正认为，浦东开发中我们不只是吸引世界的资金、世界的技术，还吸收了世界的智慧。同时，在浦东开发中形成的文化是推动浦东开发高速发展的重要原因。

中西文化的融合，不仅仅让本地居民容易接受，也让外来者容易接受。

2011年6月3日，赵启正访问美国耶鲁大学时，该校法学院中国法中心主任保罗·格维兹告诉赵启正：他曾带13岁的儿子去中国。他们来到上海，在黄浦江东边的滨江大道，正值入夜，陆家嘴璀璨的灯火深深地印入了他儿子的脑海中。

格维兹兴奋地告诉赵启正：我的儿子现在说中文已经非常流利。他一共去过中国6次，现在是大二学生，在中国居住的时间大概有一年。我对此非常高兴，也想借此感谢您，因为是您在上海的工作让我的儿子有机会更好地认识中国。

上海，本就是一座国际化的大都市，这就意味着，她不仅具备古老中国的底蕴，还要具有现代大都市的风韵。浦东新区，也同样如此。无论是陆家嘴金茂大厦，还是浦东世纪公园，乃至整个浦东新区，都无疑有着这样的气质。

## 从质疑到惊叹

最初，对于浦东开发，海外不少人不看好、不理解。赵启正曾在接受采访时告诉记者：对于浦东开发，最初的国际舆论是怀疑的，认为这是个口号而不是行动。

颇有影响力的美国经济学家、诺贝尔经济学奖得主米尔顿·弗里德曼就嘲讽浦东开发就像沙俄时代为女皇建造的“波将金村”。“波将金村”是俄国波将金元帅为使女皇叶卡捷琳娜二世对他领地的富足有个良好印象，在其必经路旁建起一批漂亮村庄，看上去很美，其实都是布景，里面是破败的茅草屋。“波将金村”也就成为弄虚作假的代名词。

而历史也似乎要考验浦东。1997年，高速发展的浦东曾被亚洲金融危机狠狠地“撞了一下腰”，刚刚开始建设地基的环球金融中心大厦面临投资者要求撤资的窘境，资金链断裂，工程不得不叫停。泰国商人投资的浦东陆家嘴地区大型购物娱乐中心——正大广场也因金融风暴，开工不久就缓建。汤臣集团刚刚在陆家嘴拿到了一块地，但也因金融危机苦苦请求浦东政府退地拿钱。

投资者纷纷后退，国外媒体出现“浦东开发失败”“办公楼出租率只有20%”“浦东的灯亮不起来”等描述。那时，夜晚来到浦东陆家嘴，确实有这样的感觉，大批的商务楼宇建立起来，但是入驻公司少，大楼无声地矗立着，偶尔有着点点的灯光。

曾任浦东新区管委会副主任的胡炜回忆，那时到访浦东的境外人士都要问：“东南亚货币危机对中国有何影响，浦东开发还能顺利进行吗？”

这也让上海和浦东的领导高度紧张。上海市原市长徐匡迪坦言：那段时间真的是睡不着觉。

但是浦东开发的建设者还是顶住了压力。胡炜回忆：亚洲金融危机，世纪大道建设到一半出现了资金困难，市领导亲临现场激情鼓励建设者：再大的困难咬咬牙也要顶过去，杀出一条血路！

对此，西方人往往会很困惑，中国人为何如此顽强？日本经济学家小林实对中国经济有着深入的研究，到访中国60多次，他曾有一个奇妙的观点解释这一现象：经济发展较快的国家和地区，一个是使用汉字，一个是使用筷子，这是一个普遍的现象，为什么使用汉字和筷子的国家和地区经济发展较快呢？我的看法是：汉字和筷子对于一个幼小的孩子来说，是一个很严酷的要求。要记住汉字需要很强的记忆力，小孩子要学会使用筷子也很难，正因为这些民族的孩子从小就经受了严格的训练，所以他长大以后就具备了应对更加恶劣环境的能力。

鉴于大批楼宇建造起来，各类功能性企业机构进驻一时跟不上，1995年11月23日，时任浦东改革与发展研究院院长的姚锡棠教授给时任上海市市长的徐匡迪写信，建议把位于浦西的上海市房地产交易中心东迁浦东，通过要素市场东移，促进陆家嘴中央商务区的形成。建议得到徐匡迪批示肯定，也得到上海市其他政府部门的积极配合。

这封信也加速了要素市场向浦东集聚。很快，在上海市政府的强力推动下，各类要素市场集聚浦东，陆家嘴金融贸易区渐成气候，国际金融中心的形象开始树立起来。

徐匡迪回忆，经过几年，特别到了2000年完全好转，小陆家嘴全租完了，全市办公楼的租售率也超过了80%。

亚洲金融危机过后，陆家嘴的上百幢楼里灯逐渐地亮了起来，入夜璀璨的灯火成为上海最迷人的风景。

此前曾经有外国人批评，陆家嘴的房子造得太多了，空置得厉害。浦东人则说，在中国，聪明的母亲总是把孩子的裤子做得长一些，以备孩子长大了还可以穿。

没过几年，大量的金融机构云集陆家嘴证实了“大衣服”理论。当年已经做得大了不少的“裤子”，也变得小了。到了2005年，浦东陆家嘴金融贸易区林立着128幢高档写字楼，智能化办公面积达230万平方米，平均入驻率近90%，许多楼宇已一房难求。

后来担任基辛格顾问公司董事会副主席的雷默也修正了他当年的看法：浦东是“中国例外论”的代表。几乎在每一个角落，你都能看到西方政界人士如今梦寐以求的经济工具在发挥作用，正是这些工具，让中国在过去的改革中，一次又一次取得了成功。

若干年后，知名经济学家弗里德曼的传记作者兰尼·艾本斯坦说：我认为，弗里德曼当时的（对上海的）看法可能是错的。如果他还健在，他会重新考虑自己的观点。上海，包括整个中国，都证明了市场力量的强大。

## 结语

当诺贝尔经济学奖得主米尔顿·弗里德曼把浦东新区与沙俄时代一位好大喜功的元帅为女皇建造的“波将金村”相提并论时，对浦东的质疑之声不绝于耳。但浦东不仅经受住了亚洲金融危机的猛烈冲击，也度过了高档写字楼入驻率过低的尴尬。像很多中国的改革新区一样，浦东在恶劣的环境下成长，却以顽强的毅力、不屈的精神创造了又一个中国奇迹。

（作者系《浦东时报》原副主编、《浦东开发》原主编，著有《浦东样本》《中国传奇：浦东开发史》等。本文资料载于上海人民出版社出版的《中国传奇：浦东开发史》一书。）

# “网事”如虹

## 记中国互联网发展之路

经济日报·中国经济网记者 陈静

2018 年 7 月 10 日，2018(第十七届)中国互联网大会在北京国家会议中心开幕

## 编者按

中国互联网从无到有，从小到大，从弱到强，走过了20多年不平凡的发展路程。其间有高歌猛进，也有急弯险滩。时至今日，互联网已全面而深入地影响着我们生产生活的方方面面。20多年来，中国互联网产业迅速崛起，通过技术创新、应用创新和模式创新，走出了一条中国互联网发展之路。

中国互联网的飞速发展，与全面深化改革、扩大开放的历史进程高度重合。这不是巧合，而是一种必然。拥抱互联网，是中国自信开放的选择；而互联网也推动了中国与世界的深度融合。

1987 年 9 月，北京市计算机技术应用研究所成功地发出首封电子邮件，内容为“越过长城，走向世界”；1994 年 4 月，中国安装首条 64K 的国际专线，全功能接入国际互联网。至此，中国正式迈入互联网时代。

中国互联网络信息中心发布的首份《中国互联网络发展状况统计报告》显示，截至 1997 年 10 月，我国网民数量为 62 万人，网站数量 4066 个，国际线路总容量 25.408Mbps[1]。21 年后，2018 年第 42 次统计报告中，这 3 个数字已变成了 8.02 亿、544 万个和 8826302Mbps——这就是我们常常讲的几何级增速。

网民规模、宽带网民数、国家顶级域名注册数这三项常常用来描述一个国家互联网发展规模与水平的数据，中国三项数据均名列世界第一，至今已保持整整 10 年。而网络购物、智能手机出货量和移动支付笔数，这些新的世界第一，则表明数字经济已成为中国转型升级的新引擎。

从无到有，从小到大，中国互联网产业的快速起飞，孕育出阿里巴巴、腾讯、百度、京东、网易、新浪、搜狐等一系列世界级企业；马云、马化腾、李彦宏、陈天桥、丁磊、张朝阳、王兴……互联网创业家们同样成为耳熟能详的“明星”。而描述这场巨变的维度还有很多。其中，有一个维度格外鲜明，那就是互联网对人们生产生活方式超乎想象的改变。

在中国科学院计算机网络信息中心原首席科学家钱华林的记忆中，20 世纪 90 年代他和美国同行开会，一个重要的话题就是请对方写电子邮件尽量简短，“那时候互联网最主要的用途就是收发电子邮件，按字节收费，一封 4K 到 5K 的信就要 30 多元。”而对于河北省石家庄市 65 岁的普通退休职工王丽娜来说，今年十一假期，她在网上花 213 元买了两条新围巾；看点评网站的评价试了一家新餐馆；用手机地图导航带全家去郊游，还在微信群里和战友们开了一次“远程茶话会”……

1. Mbps=Mbit/s 即兆比特每秒（1,000,000bit/s），Million bits per second 的缩写，是一种传输速率单位，指每秒传输的位（比特）数量。

沧桑巨变，肇始于1994年。那一年，中国正式开启了互联网时代。从那时起，中国互联网产业走过了从艰难萌生到泡沫破灭，再到凤凰涅槃辉煌崛起的发展之路。

## 星星之火

1995年4月，24岁的宁波青年丁磊与宁波电信局"不辞而别"，他在CFIDO（Internet普及之前流行的另一个通讯网络）广州新月站网友们的"怂恿"下，买了张火车票奔赴广州。那时，丁磊的一个网友在深圳，是当时国内最"土豪"的CFIDO四线站台Ponysoft的站长，一个在传呼公司润迅上班的年轻人，名叫马化腾。

同年同月，在杭州，一家只有3名员工的小公司也成立了——海博电脑服务有限公司。公司负责人是31岁的杭州英语教师马云。这家公司的主打产品叫"中国黄页"，企业花2万元，就可以在互联网上建一个自己的网页，其中包括3000个文字和一张照片。为了推销互联网，马云在自己的一套说辞前一次次加上子虚乌有的"比尔·盖茨曾经说过……"

而在那一年的10月31日，31岁的张朝阳从美国飞到首都机场，这是他回国创业的第一天。日后再次回忆起那个时刻，张朝阳说："就觉得北京特别冷，还下着雪。"

这些后来成为中国互联网产业的标志性人物，为何不约而同地纷纷在1995年亮相？这显然与1994年中国全功能接入国际互联网息息相关。尽管1987年9月，北京市计算机技术应用研究所已经成功地发出第一封电子邮件，随后诸如中科院高能物理所、清华大学、北京大学等也先后接入网络，但那时互联网服务的对象只是极少数科研人员。而从1994年开始，一切变得不一样了。当年5月，中国第一套网页"中国之窗"和首个BBS站（讨论版）曙光BBS开通；6月，《国务院办公厅关于"三

2000 年，创业初期马云在湖畔花园召开员工会议

金工程”有关问题的通知》（金桥、金关、金卡）下发，互联网开始渐渐为普通人所知所用。到了 1996 年 5 月 17 日，中国第一家网吧“卡萨布兰卡电子咖啡屋”在深圳蛇口开门营业。

星星之火，燃了起来。

互联网最先改变的是人们获得信息的方式。一篇名叫《大连金州没有眼泪》的帖子是这种变化的生动写照。1997 年 10 月，福州球迷“老榕”和儿子“小榕”奔赴大连观看世界杯预选赛，但中国队以 2 比 3 负于卡塔尔，第六次无缘世界杯。“老榕”将这段经历写成了一篇真挚动人的帖子发在四通利方 BBS 的体育沙龙版上，48 小时内被阅读了两万多次。两周以后，“老榕”在《南方周末》上看到了自己的帖文，这也是传统媒体第一次转发来自网友的文章。那时候四通利方 BBS 体育沙龙版的版主叫陈彤，正在北京理工大学读研，后来成为四通利方的第一个编辑，一年后，这家公司改名新浪。陈彤说：“这个帖子让我们看到了互联网对信息传播的巨大效率，这对新浪之后推出资讯服务有决定性的作用。”新浪、搜狐、网易……一直到21世纪初，这些被称为“门户网站”的扛鼎大站，都长得颇为相似——首页充满新闻，有个包罗万象的BBS，并且将各种网站分门别类整理成目录——一种新的信息提供方式诞生了。

互联网也不断改变着人们联系和交往的方式。一开始是电子邮件。1998年3月，网易正式运行163.net，它是国内第一个全中文界面的电子邮件系统。连丁磊自己也没有想到，每天新注册的用户数高达2000人，在半年时间里就积累了30万用户，通过将这套电子邮件系统售卖给其他网站，只有8名员工的网易到年底赚到了400万元利润。

之后则是即时通讯工具的兴起。1999年2月，腾讯的OICQ上线。“说来你可能不信，我刚玩OICQ的时候，到了夜里两三点，所有在线人数竟然不到100人，当时还不叫QQ，标志是只瘦企鹅，也不围围巾。”人民教育出版社网络工程师岳小龙回忆说，1999年他还是中国林业大学的一名大二学生，“其实QQ当时和一个英文软件ICQ非常像，但ICQ不支持中文输入，收不到离线信息，而且其服务器在外网，QQ则放了一个节点在教育网，我和同学们很快就都转向了QQ。”那时的大学生是最方便接触互联网的人群，通过为他们提供服务，在模仿的基础上优化功能和体验，腾讯在一年时间里获得了500万用户。

从获得资讯到创新互动方式，直到生活方式都发生了颠覆式变化，年轻一代网民对鼠标点开的新世界产生了意料之外的依赖，网民规模由此飞速增长。1996年冬天，在北京中关村，张树新的瀛海威曾竖起了一个巨大的广告牌：“中国人离信息高速公路有多远——向北1500米。”这块牌子一度受到交管部门问询：“这条路到底在哪儿？”仅仅4年后，便已有890万网民“走”在这条路上。

那时也是国际互联网第一个热火朝天的“黄金时代”。1995年浏

2000 年的中国国际高新技术成果交易会上，戴着红色围巾的企鹅形象延续至今

览器公司网景上市当天，股价从 28 美元一飞冲天至 75 美元，被视为有史以来股票首日上市交易的“最佳表现”。《华尔街日报》甚至颇为感慨地写道：“达到 27 亿美元市值，通用花了 43 年，网景花了 1 分钟。”资本市场对这些五花八门的“.com”公司着了迷。到 1999 年，华尔街 457 个 IPO 中，大部分是科技股，其中 117 家公司在上市当天股价翻倍。

这些公司大把花钱，信奉“变大优先”，一路狂奔。2000 年 1 月举行的美国职业橄榄球大联盟“超级碗”，有 17 家网络公司赞助，30 秒广告的价格超过 200 万美元。如今早已湮没无名的 iWon.com 在一场电视竞赛中，送出了头奖 1000 万美元。

在中国，故事也以相似的方式发生。1999 年 7 月，中华网在美国纳斯达克上市，成为第一只海外上市的股票。2000 年寒假，当时还是中国人民大学新闻学院大三学生的孙毅，奋战在北京五道口电影院楼上一间破烂的办公室里，隔壁就是清华大学。“我那时课余时间给一个现在早就找不着了的网站作策划。他们都想争夺大学生，今天送玫瑰花，明天送可乐，后天送鸡腿，比着‘烧钱’。现在想想特别不可思议，好多几十万元预算的活动就是几个学生自己坐在办公室里拍脑袋想出来的，那可是 2000 年的几十万元啊……”当所有人都在做着一场名叫“未来”的美梦时，浑然不觉危机悄然而至。

2000 年 3 月 10 日，美国纳斯达克综合指数达到了史上最高的 5048.62 点，在一年中翻倍。但接下来，纳指一路狂泻，到 3 月 15 日已跌至 4580 点。到 2002 年 10 月 9 日，纳斯达克综合指数跌至 1114.11 点，缩水近 80%。“互联网泡沫”破裂了。

然而，在资本退出和融资扩张的巨大压力下，国内三大门户网站上市已经“箭在弦上”。2000 年 4 月，新浪率先在纳斯达克上市，7 月则轮到网易和搜狐。时任新浪 CEO 王志东说得相当坦白：“其实那时候我也知道泡沫正在破灭，但怎么能不上市呢？硬着头皮也要上。”

对于孙毅来讲，那个春天只是让她失去了一份收入颇丰的工作，但对于中国互联网产业来说，却面对着更加严酷的生死存亡。新浪跌破发行价，搜狐从 13 美元跌到第二年 10 月份的 0.8 美元，网易连续 9 个月股价在 1 美元以下，市值蒸发 90%。

“短短一年内，中国互联网就从狂热到骤冷，从热捧到抨击，从掌声到唾骂，从得意到失意，走完了两个极端间的全部历程。”互联网实验室创始人方兴东说。

归根结底，这种变化在于“.com”公司们没有真正创造出可以安身立命的商业模式。在当时，网络广告在整个广告行业份额不足，消费互联网尚在孕育之中，向网民收费提供服务又缺乏好的突破口，互联网行业的盈利模式极度匮乏。

然而，谁也没有想到，中国互联网产业的“救星”，是黑白手机屏幕上滚动的一条条短信和电话响起后的音乐铃声。2000 年 11 月，中国移动推出了一项新的增值业务“移动梦网”，包括网上发短信、天气预报、短信答题、短信图片、铃声下载……一系列增值服务均由合作伙伴提供，费用从用户的手机话费中扣除，收入则由中国移动和内容提供商二八分成。靠这些一分一毛攒起来的收入，中国第一批网站活了下来。

2001 年 6 月，腾讯第一次实现单月盈亏平衡，到年底，1000 万元的利润几乎全部来自移动梦网。网易则在 2002 年第二季度成为中国第一家盈利的门户网站。

搜狐 CEO 张朝阳将移动梦网比喻成“救命稻草”，他说：“硅谷还一地狼藉，但靠着点对点的短信、游戏和铃声，看起来似乎不像互联网的东西，网站终于获得了收入。那时候在搜狐，无线增值服务的收入占整体收入的 60%。”

“世界是平的”，这句话经常被用来描述全球的互联网产业，这不仅仅是因为互联网服务突破了时间和空间的限制，也意味着从诞生开始，它在模式、资本等一系列维度上都体现出全球化的鲜明烙印，中国互联网企业们所经历的这一场“互联网狂欢”，也正是这句话的写照。

但与此同时，腾讯在模仿 ICQ 推出 OICQ 之后不断的功能优化与迭代，已开始体现出以用户体验为先的“互联网思维”，而移动梦网在中国的成功也远远超过其所效法的日本运营商。这说明，中国互联网用户从一开始就有自己的特点——热爱社交和互动。这种特点不仅体现在无线增值业务，盛大在 2001 年上线了第一款代理游戏《热血传奇》，陈天桥的选择同样源于“它和当时国外流行的网络游戏不同，操作非常简单，却设置了丰富的玩家间交流和互动的功能”。艰难与喜悦之间，互联网企业开始体会到用户的独特之处，并最终为中国互联网产业涂抹上鲜明色彩。

## 大风起兮

2003年，“非典”爆发。从当年5月7日到19日的12天里，全球的客户致电阿里巴巴客服，惊讶地发现接起电话的，有时是声音苍老的老人，有时是稚嫩的孩子，他们说：“你好，这里是阿里巴巴。”

“因为有员工疑似感染被送进了医院，其他人都要回家隔离12天，这些接电话的就是他们的家人。但除此之外，客户并没有发现公司有什么异常。5月7日当天，我们的中文站还更新了12500多条商机，破了纪录。在传统行业，这是不可想象的。”阿里巴巴集团董事局主席马云回忆说。

阿里巴巴能把工作场所迅速地从公司“无缝”转移到员工家中，正是凭借互联网基础设施在几年中翻天覆地的变化——宽带来了。1999年初，全国拨号上网用户占全体网民的80.9%，到了2003年年中，这个数字下降到66%，2005年宽带上网用户首次超过拨号上网用户。“2005年是我国互联网发展的一个拐点。宽带大大降低了上网成本，由此带来用户规模迅速增长，语言差异和本土化需求催生了更加丰富多彩的垂直应用，而更快的网速也让实现这些应用成为可能。”曾任视频网站优酷CEO的古永锵说。

2005年年中，中国网民数量突破1亿人，2008年年中，中国网民数量达到2.53亿人，超越美国跃居世界第一位。上网已不仅仅是“赶时髦”，互联网开始深度介入用户的生活、工作和娱乐。

对于中国互联网产业来说，此前“互联网泡沫”破裂带来的凛冽寒冬还让人心有余悸，“怎么赚钱”成了互联网企业拼命思考的问题，但围绕这个问题产生的答案却令人惊讶——从“收费”到“免费”。

消费互联网的飞速发展成为这一时期最为响亮的主旋律。2003年5

2018 年 11 月 12 日凌晨，中国邮政集团公司湖南省分公司衡阳邮区中心局分拣中心的工作人员在作业。“双 11”购物节过后，各地物流企业迎来业务高峰

月份，淘宝网上线，随后以“免费开店”为主题的广告出现在北京地铁一号线上。但在易趣，每卖出一件商品，平台要抽成 1 元。到了年底，淘宝实现交易额 3400 万元。再加上易趣、卓越、当当……那一年网络购物的交易额达到了 7.9 亿元，增速高达 116.2%，而那时只有 11.7% 的网民选择网络购物作为自己经常使用的网络服务。到了 2008 年，已有 4600 万网民有了网购体验，全网交易额达到 1281.8 亿元。

变化不仅仅停留在数字上。在很长一段时间里，中国的电子商务集中在图书音像品类，原因很简单，图书音像产品都是单价不高的标准品，消费者容易跨过心理障碍在线上下单。那时，卓越网以销售十几万套《大话西游》VCD“一战成名”，当当网创始人李国庆更是书商出身。但是，到了 2008 年，服饰、手机、化妆品、家居日用、户外运动则占据了网购热销品类前 5 强，电子商务真正开始服务人们日常消费的方方面面。

在“免费开店”的大旗之下，网店店主开始成为新的热门职业。“反正不要钱，不如试试看。”2006年，江苏省睢宁县沙集镇24岁的青年农民孙寒，在淘宝上挂出了一批移动充值卡，两小时卖出30多张，“感觉这好像是门生意”。2007年，他在网上开起了自己的家具店，销售板式家具，没想到，这成了小镇新的支柱产业。“过去镇上的农民除了种田，就只有出去打工，但后来全镇都开网店卖家具，大大小小的店开了几千家。”孙寒说。来自淘宝网的数据显示，2008年，有57万人通过在平台上开店实现了就业。

电子商务一飞冲天，引来国际巨头对中国市场的关注。2003年6月，eBay宣布以1.5亿美元收购易趣网66.6%的股份，加上之前3000万美元购得的易趣网33.3%股份，易趣成为eBay中国站。2004年8月份，亚马逊则以7500万美元收购了卓越网。

但“赚钱王”的桂冠还是要戴在网络游戏头上。那时网络游戏的主流商业模式是售卖点卡，玩家根据游戏时长消耗点数，只有付费才能玩游戏。当时仅有100名员工的盛大在2003年的收入达到6.33亿元，净利润2.73亿元，仅《热血传奇》每天就为盛大带来100万元收入。

这样一个日进斗金的好买卖，却突然要“免费”了。2005年11月，盛大先后宣布旗下三款主打游戏《梦幻国度》《热血传奇》《传奇世界》“终生免费”，随后在2006年4月，以营销“脑白金”闻名的史玉柱同样宣布，其巨人网络首款自主研发的游戏《征途》也将“终生免费”。

从电子商务到网络游戏，“免费”其实意味着另外一条后来被中国互联网产业各个细分领域所千百次效法的模式——“羊毛出在猪身上”。最基本的免费服务带来人气，人气带来流量，流量总能够找到方法变现。

而在淘宝的玩法里，众多免费的网店提供着海量的商品，这些商品又吸引来海量的用户，将广告展示给他们就有了价值，广告当然要收费。此外，主打精准营销的淘买家、类似竞价排名的淘宝直通车和提供包括免费图片上传服务等在内的淘宝旺铺……一系列增值服务也在为淘宝带来滚滚利润。

盛大和巨人的免费策略带来了大量玩家，但想在他们中“脱颖而出”则需要购买游戏道具或者打造装备。和以时长计费的点卡相比，这样的方式让“人民币玩家”的消费几乎不存在极限。

商业模式的变化，显然是对用户心理更为精准的把握，这同样体现在对低线市场的开拓上。网吧的流行让县城和农村青年也有机会把时间花在网络上，《征途》从一开始就考虑到了他们的诉求和信息获得渠道。史玉柱曾相当直白地表示：“我知道欧美和韩国流行的游戏都是3D游戏，但缺少电脑使用经验的用户，看3D容易头晕，所以《征途》一定要做成2D的。”他甚至给销售人员出主意，让他们去敲开那些乡村小店的门，跟店主商量能不能一个月花几十块钱把《征途》的小广告贴在门上。

赚钱、赚钱、赚钱！百度以竞价排名从中小企业吸金；腾讯以QQ秀、QQ会员、QQ空间等一系列围绕QQ产生的增值服务“打下一片天”……和三大门户网站上市前只能在招股说明书上大肆夸耀浏览量和用户数不同，此时走向纳斯达克和纽交所的中国互联网企业，多半都有了能自圆其说的商业模式。也正因此，资本市场为中国互联网第二波上市潮，准备了一个又一个惊喜。

携程首先敲开了上市的大门。在沉寂了两年半后，2003年12月份，携程成为中国互联网企业的“排头兵”，登陆纳斯达克，发行价18美元，首日收盘价33.94美元，涨幅88.56%，创造了纳斯达克3年以来股票上市首日的“最佳表现”。2005年8月份，百度挂牌，首日从27美元的发行价直接上跳到收盘价122.54美元，354%的涨幅直接创下美国股市5年来的发行首日涨幅纪录。2007年11月份，阿里巴巴在港交所上市，公开发售部分获得56.62万份申请，一手中签率仅有6%，上市首日收于39.5港元，和发行价13.5港元相比大涨192%，成为港股史上首日涨幅之最……

但令人尴尬的是，海外投资者在描述这些中国互联网“新贵”时，“中国的+美国知名网站”成了一种约定俗成：“中国的谷歌”，这是百度；“中国的 Facebook”，这是校内网；“中国的 Youtube”，这是优酷和土豆。在海外投资者看来，互联网在硅谷的每一点风吹草动，都被迅速复刻到了大洋彼岸，依靠巨大的市场，加上合理的本地化，多半都走得通，但中国公司的创新力却屡受质疑。

果真如此吗？淘宝和 eBay，百度和谷歌，QQ 和 MSN，他们在中国市场近乎惨烈的捉对厮杀中，外来客都输了。这其中，QQ 和 MSN 的一战特别具有象征意义。

比如，那个手握 5 位数 QQ 号的网络工程师岳小龙。“2004 年左右，我和同事们就很少用 QQ 了，当时大家觉得，QQ 是学生用的东西，简洁的 MSN‘小绿人’看起来更商务和洋气。有一阵子，包括我们的客户在内，大家都不好意思在名片上印 QQ 号。”的确，那一年 MSN 在商务领域的占有率过半，达到 53%，新增用户中有 95% 都来自 QQ。但 3 年之后，岳小龙的名片印上了 QQ 号。“就是因为两个工作中必不可少的功能，MSN 不知为什么一直没有，一个是文件断点续传，一个是群组，实在没法用下去了。”另一点被众多用户吐槽的是 MSN“神慢”的响应速度，MSN 在国内运行的 9 年时间里，居然一直没有客服电话，哪怕遇到盗号等需要迅速解决的问题，也只能靠写邮件来申诉，一两周得不到回复的情况屡见不鲜。

MSN 之败，败于“跟不上节奏”，在产品、开发、运营、推广上傲慢、混乱、迟钝。MSN 之败也充分说明，在硝烟弥漫的中国互联网市场，用户已经开始变得成熟而挑剔，模式创新可以争取用户，却无法留住用户，只有不断适应用户需求，创新功能，提升体验，快速响应，才能真正在高地上插上胜利的旗帜。

2005 年初冬，校内网创始人王兴去见著名投资机构红杉资本的合伙人沈南鹏，他临时在出租车上写了一张纸的商业计划书，结果还丢了。2007 年深秋，史玉柱穿着白色运动服走进纽交所，成了史上不穿正装上市敲钟“第一人”。单看这些段子，仿佛中国互联网从业者和硅谷天才们一样漫不经心、特立独行。但事实并非如此，阿里巴巴的直销团队最喜欢硬面皮包，里面装合同可以不弄皱，外面还可以用来对付客户厂房门口的看门狗。为了推广自己的网络实名服务 3721，“红衣教主”周鸿祎一天辗转三四个县城请代理商吃饭。无数苦活累活才积攒起有效的商业逻辑，堆积起一个个能直击“痛点”的产品。

但在另一方面，巨大的野心和欲望也带来一系列“击穿底线”的行为，从恶意扣费到游戏沉迷，从强迫安装流氓软件到搜索引擎上竞价排名……在野蛮生长中，互联网已经越来越多地进入监管层的视野，新模式新业态如何健康成长，也成为整个产业亟待解决的问题。

## 食指 拇指

10年前你的哪个手指和互联网接触最多，现在呢？大部分人会回答，10 年前是点击鼠标的右手食指，现在则是在手机触摸屏上划来划去的右手拇指。

这一变化源于 2009 年 1 月 7 日。在那一天，工业和信息化部为中国移动、中国电信和中国联通发放了 3 张 3G 牌照。

但当时，并非所有人都意识到移动互联网将带来颠覆性变化，人们谈论更多的还是视频通话、手机电视等仅仅体现“网速快”的领域。马化腾是率先醒觉的一个。他在 2009 年的一次演讲中表示：“未来手机上网人数不但会翻倍，更重要的是场景会更加丰富，生活碎片时间也能用来使用网络，这种变化一定会改变人们的生活。”

2009年初，我国手机网民仅有1.17亿人。2013年底，手机网民数已突破5亿人。2012年6月，手机网民数量全面超过台式电脑网民，手机成为第一大上网终端。同年，中国取代美国成为全球最大智能手机市场。

手机互联网用户成为各方争夺的焦点，如何争？2011年8月，北京798艺术中心，雷军带来了颇为“刺激”的视频短片，片子里，包括时任金山网络CEO傅盛，多玩网总裁李学凌，乐淘网CEO毕胜等人一起高呼：“我们要小米！”——小米来了。

小米带来了“互联网手机”这个新词，随后各种令人眼花缭乱的“跨界手机”纷纷登场，阿里巴巴和天语合作推出大黄蜂和小黄蜂、百度和长虹合作的百度云手机、盛大的竹书手机……尽管如今的市场上它们已经不见踪影，但和言必称“生态”的小米一样，互联网巨头们的心思相当“赤裸”——以手机作为抢占移动互联网入口的工具，通过预装应用，将更多用户聚拢到自己的平台上。

“春江水暖鸭先知”。互联网的内容生产者们首先感受到了变化。知名网络作家蝴蝶蓝表示，在他创作网络小说的初期，尽管平台有各种反盗版机制，但“道高一尺魔高一丈”，“盗文网站依然会把整章内容拷贝成图片挂在网上。但当大家使用手机读书时，会发现看盗文很不方便，下载图片还费流量。”

市场研究机构易观则在其《中国移动阅读产业研究报告2013》中写道：“随着移动支付的发展，小额支付相比电脑端阅读更加便利，用户付费习惯逐渐建立起来。”

备受盗版困扰的内容产业终于在手机端看到了“曙光”。和网络文学一样，数字音乐服务商们也有了推行正版的“底气”。“中国台湾的‘金曲奖’要搞一个论坛，请我参加，我不敢去，因为不知道去了说什么，说盗版吗？但后来我敢去了，因为数字音乐终于走上了一条健康的路。”腾讯音乐娱乐集团副总裁吴伟林说起这些事感慨万千。在正版化的推动下，2013 年中国网络音乐市场收入规模达到 74.1 亿元，同比增长高达 63.2%。

但对普通人来说，手机让消费决策真正找到了线上线下联动的契机。

在手机上网普及之前，互联网与消费联系最紧密的始终是网络购物，快速成熟的消费互联网让千百万中小企业能够直接触达消费者。2013 年“双 11”，天猫和淘宝在 24 小时卖出 350 亿元，全国当年网络交易额达到 1.85 万亿元，中国超过美国成为网络购物第一大国。但是，线上和线下并没有真正打通，餐饮、家政、美容美发等众多本地生活服务类企业“触网”无门，难以通过没有边界的互联网进行推广或进一步完成交易；而线下零售业更是因为沦为“试衣间”，被抢去大把生意，和线上网购“剑拔弩张”。

移动互联网成为突破的“支点”，率先“现身”的是团购网站。2010 年 3 月 4 日，美团上线了第一个团购产品：梵雅葡萄酒品尝套餐。

在 2018 年“天猫双 11 全球狂欢节”上，大屏幕显示“双 11”全天成交额

用户支付50元，就可以到现场体验两种干红、一种干白和一种冰酒，79名用户在那一天率先“尝鲜”。借此，本地服务商家“杀”进线上。此后，3月14日窝窝团上线，3月15日F团上线，3月16日拉手网上线……尽管实物团购同样是团购网站重要的内容，但交易体量始终和电商巨头们不在一个数量级，真正让消费者记住的还是那些烤鱼、西餐、洗车和美甲体验的团购券。到2011年8月，市场上的团购类网站多达5058家，被形象地称为“千团大战”。

来得容易去得快。伴随着服务质量参差不齐、退款难、体验差等诸多问题，团购热潮“昙花一现”。但今天再回头审视“千团大战”，它依然为后来O2O[1]和移动支付快速推广提供了土壤。一方面，团购将线上检索和购买与线下消费结合起来，让网站们第一次开始“亲密接触”线下商家，了解它们的痛点；另外一方面，为了适应团购需求，线下商家也在硬件和系统上实现了初步数字化。

用户从电脑端向手机端大迁徙，也在改变着从业者的选择。在开发者端，借由苹果应用商店、谷歌应用商店和国内分发平台渠道，口碑效应让开发者可以更容易地触达用户，再加上便利的支付体系，让小公司也可以借“爆款”应用“一夜成名”。

“那时候我觉得移动互联网一定会给开发者带来前所未有的机会，但不知道到底要做什么才能抓住这个机会。那时，我每天在百度上搜，看什么关键字用户搜的最多。还到处翻各种应用商店的榜单，看用户到底喜欢什么，团队前前后后做过100多个应用尝试。”杨永智说。

借由移动互联网，开发者们也开辟出新战场。杨永智的团队推出了海豚浏览器，并和触宝输入法、GO桌面及猎豹安全卫士等“小伙伴”一起，长期占据欧美各国移动应用商店工具类下载榜单的前几名。

“一方面，中国开发者们非常重视快速响应和用户体验，这是中国

1. O2O即Online To Offline（在线离线/线上到线下），是指将线下的商务机会与互联网结合，让互联网成为线下交易的平台。。

互联网市场在久经考验后形成的‘惯性思维’；另一方面，在商业模式上中国开发者可以熟练地在获得流量之后让流量变现，这种单点突破的思维模式是美国和欧洲公司不具备的。”投资机构纪源资本管理合伙人童士豪说。

对于在传统互联网时代纵横捭阖的大公司们来讲，移动互联网的风潮也引发了他们的焦虑，如何通过“明星产品”建立自己在移动端的话语权是最直接的考虑。2010 年底，腾讯广州研发部总经理张小龙带着原本研发 QQ 邮箱的同事们挤在一间 10 人大小的会议室里折腾一个新的手机聊天软件，借由免费的语音留言功能和朋友圈，这个应用在上线 433 天后用户从 0 增长到了 1 亿，微信从此成为腾讯手中最强力的“超级入口”。此时，支付宝无线事业部的产品经理孟超峰则忙着改造阿里巴巴公司内部食堂和自动售货机，让员工可以扫一个看起来稀奇古怪的二维码就能买水结账，这份移动支付解决方案最终成为支付宝通向线下的核心功能。

2010 年“逼迫”用户在 360 产品和 QQ 之间“二选一”的“3Q 大战”直到今天还让人记忆犹新。2011 年底，因管理员明文储存用户密码导致 600 万用户邮箱账号密码被泄露，则让人们对互联网公司的疑虑达到高峰——对于互联网公司们来说，用户到底算什么？是否仅仅是用来说服资本的筹码，或是停留在财报上的光鲜数字？互联网公司在应对竞争时，究竟该如何考量用户权益？随着互联网公司掌握越来越多用户核心隐私信息，亿万普通网民在要求行业自律的同时，更需要相关法律法规不断出台来填补“空白”。

## 未来已来

现在，无数普通人在菜市场扫码支付，扫脸过安检，通过微信挂号看病，生活方式已发生了巨大变化。市场研究机构“瞭望智库”的一份报告显示，从2013年到2017年，中国的科技创新带来了民众“获得感”的持续提升，科技领域“获得感”得分5年间增长72%。互联网与传统行业的融合，重构了传统行业的业务流程，帮助传统行业实现数字化转型，从新零售到工业互联网再到公共服务，因网而生的新经济，正在成为代表中国经济发展的新名片。

回头来看，移动支付无疑是连接线上线下最重要的一块“敲门砖”。2014年初，当时还叫滴滴打车的滴滴与快的之间的“补贴大战”则是绕不开的标志性事件。在80天的时间里，背靠腾讯和阿里巴巴两棵大树，两家网约车企业“烧”掉了将近30亿元。“第一批发放的补贴有一个

2017年10月31日，腾讯公司旗下“微信支付HK”团队在香港发布最新支付功能

多亿，签单的时候手都一直在抖。”滴滴出行 CEO 程维对大战的“残酷”记忆犹新，因为融资来的钱是美元，换成人民币需要时间，他还曾翻着手机通讯录借钱：“哪怕 10 万元都要借，打了二三十个电话凑钱，一个晚上借了 1000 万元。”

值得注意的是，“补贴大战”也成为推动用户尝试移动支付的支点。在那个春天，微信支付通过“滴滴打车”每日能完成 400 余万笔交易，成了主流移动支付工具，支付宝每天手机支付超过 2500 万笔，支付打车费用成为其中的重要内容。“腾讯和阿里巴巴合演了移动支付最好的一部广告片。”雷军如此评价。

从 2014 年到 2017 年，我国移动支付业务笔数由 45.24 亿笔增至 375 亿笔，交易金额也从 22.59 万亿元急速攀升至 202 万亿元。中国社科院财经战略研究院互联网经济研究室主任李勇坚表示：“我国移动支付的普及程度以及便利度，均已超过了美国、欧盟等发达国家和地区，已成为名副其实的移动支付第一大国。”

对于互联网公司们来说，广泛地涉足线下，来自于他们对互联网“下半场”的判断。首先提出“下半场”概念的王兴表示：“互联网公司需要证明自己所积累的核心竞争力，能够持续地为消费者、为客户创造价值，也能够为投资人带来价值。”从互联网经济本身来看，网民增速趋缓，“人口红利”正在消退。从 2013 年 6 月到 2018 年 6 月，互联网普及率由 44.1% 缓慢攀升至 57.7%，增加了 13.6%，但在上一个五年，这个数字却是 25%，这意味着互联网经济必须从把握“增量”转向挖掘“存量”，以技术和服务创新，在传统领域中寻找新的增长机会。

政策利好也在不断为线上线下深度融合“加码”。2015 年，“互联网 +”现身《政府工作报告》。2016 年，“新经济”也被首次写入《政府工作报告》，“互联网 +”、双创、大数据、人工智能等一系列战略规划成为我国努力抓住新一轮科技和产业革命机遇的重要举措。2016 年 11 月，《网络安全法》出台，2018 年 9 月，《电子商务法》颁布。“从战略规划到法律法规，顶层设计为新经济新产业和新业态指明方向，也在不断平衡安全与发展之间的关系。”李勇坚表示。

重要的推动力还来自技术“风口”的不断涌现。以大数据、人工智能、云计算、物联网这“四大金刚”为引领，新一轮科技革命已经启幕。“技术创新能力不断提升，产业生态体系快速形成，重点领域核心技术取得突破，都让我国有能力把握这一轮科技革命的窗口机遇期，以创新驱动发展新经济。”中国信通院政策与经济研究室所长鲁春丛说。拿人工智能来说，2017 年我国人工智能发明专利申请公开量和发明专利授权量分别达到 4.6284 万件和 1.7477 万件，授权量同比增长 34.9%。

创新工场董事长李开复也表示，中国仅仅花了两年时间就在人工智能方面奇迹般地崛起，在应用方面，中国实际上已走到美国前面。当今在电脑视觉、语音识别和无人机方面最有价值的人工智能企业都是中国公司。

“融合”与“赋能”由此呼啸而至。得益于移动支付的普及和成熟发达的消费互联网，零售业和本地服务业成为“排头兵”。

在零售业，小商小贩们也感受着支付方式变化带来的快捷便利。在北京丰台区马家堡地铁站附近开了 10 年菜摊的安徽大叔胡玉平告诉记者，如今超过 9 成以上的顾客都会用手机支付。“一天收到的现金不到 100 元，一个月也不用去银行换零钱。手机付账也安全，再也不用担心收到假币了。”

大商家则从新零售中汲取着更多“智慧”。百丽国际新零售运营中心负责人李文卓告诉记者，今年百丽在线下零售店陈列的每款鞋子的鞋底上做了智能芯片，可以采集被顾客试穿的时间。“1 月份，有一款新鞋试穿率一直排名第一，但转化率只有 3%，试的人多买的人少，说明这款鞋子样子漂亮，但不舒服。我们对它进行了鞋楦型的修改，3 月份重新推出后销售量增加了 5 倍。”

深度融合甚至还带来新的商业模式。在居然之家北京金源店，卖场大屏上展示着被称为“装修试衣间”的产品，包括天通苑、炫特区、远洋山水等北京 100 个新小区的居民装修前就可以通过这个产品直接“打扮”自己的新家，查看效果。“2018 年‘双 11’之前，居然之家完成了对 27 个城市、41 家门店的数字化改造。”居然之家董事长汪林朋说。

在以餐饮为代表的本地服务业，线上线下的打通同样经历着从效率到效能的改变。截至今年 6 月份，我国网上外卖用户规模达 3.64 亿，今年第二季度外卖单季交易额首次突破 1000 亿元，增长不仅来自线下餐饮商家的广泛参与，还在于借助智能配送体系，市场主流外卖平台物流配送效率的大幅度提升，借由自己“最后一公里”的配送优势，美团、饿了么这样的外卖巨头，还在探索自己在生鲜、药品等诸多本地服务上的新布局。

在消费之外，制造业也在随网而变。在珠峰脚下的西藏定日县扎西宗乡巴松村，24 岁的藏族小伙子次仁格旦和父亲一起经营着一家叫牛头旅馆的家庭旅馆，旅馆前台挂着充满藏族元素的 T 恤衫，“我把拍的照

2018 年 12 月 3 日，在深圳腾讯滨海大厦展厅拍摄的微信支付刷脸自助结账便利店

片在微信上发给上海的设计师，请他们设计，再把设计稿发给网上找到的一家位于江苏太仓的服装厂生产，生产好的T恤衫再快递给我。虽然我和设计师、服装厂一直没见过面，但我们都成了朋友”。

对于中小企业来说，通过互联网，他们的制造资源被充分地利用起来。而对于大企业来说，工业互联网经历着从数字化到网络化再到智能化的发展过程，互联网对制造业的帮助不再仅仅停留在精准营销上。“比如我们在云平台上设置一个参数，机器温度150摄氏度算正常，152摄氏度就是异常，一旦发现异常，实时采集的信息就会被直接推送到负责人的手机上，这样人和机器就联系在了一起。”工业互联网服务商深圳华龙讯达信息技术有限公司总经理龙小昂说。

人工智能甚至还在完成过去人做不到的事。“在轮胎生产中，混炼胶始终是个难题，不同胶源产地、加工厂、批次等数千个复杂因子相亲相斥，每个变化都会影响橡胶块质量。”老牌橡胶企业中策橡胶副总经理张利民感受到新的力量，“通过人工智能算法，工业大脑能在短时间内处理分析每一块橡胶的出身，匹配最优的合成方案。半年内，混炼胶的平均合格率就提升了3%至5%。”

互联网还在改造公共服务，让智慧城市更加名副其实，也让“最多跑一次”成了政府对老百姓实实在在的承诺。“广州市行政审批服务效率比承诺时限平均提速60%以上；青岛设立‘一窗式’企业业务联合办理，平均办理时限为1.39天，提速82.6%；福州网上审批和项目全程代办按时办结率达100%，最快办件时间3分4秒。”浪潮集团董事长孙丕恕拿出了一个个数字，“‘互联网＋政务’正在成为提升政府公共服务能力和社会治理水平的重要‘抓手’。”

不过，无论新技术、新模式还是新业态，百花齐放、“换道超车”的中国新经济仍要谨防“虚火”和“泡沫”。

资本的冲动与狂热已经在共享经济中体现得淋漓尽致。2016年1月的某一天，ofo小黄车的创始人兼CEO戴威和联合创始人张巳丁趴在北京国贸三期外面的栏杆上，在手机搜索“金沙江创投 Allen”，才能确认刚刚和他们谈话的就是著名投资人朱啸虎，然后激动地冲回去接受了对方1000万元的A轮融资。这个广为流传的段子只是资本冲动的开始，随后包括共享充电宝、共享雨伞甚至共享篮球和共享马扎，“共享大军”更像是停留在PPT和新闻稿里博眼球的噱头，一拥而上又一哄而散，资本“闭着眼睛”进入这个领域，浪费的不仅是真金白银，还有本来就有限的公共资源。尽管上述故事还没有走到结局，但哪怕是最成熟的共享单车领域，摩拜被美团点评收购，ofo仍在是否要“低价卖身”的选择中挣扎，在城市各个角落堆积成山的“僵尸单车”们无声地诉说着：线上线下的融合必须真实地面对消费者的“痛点”，资本支撑的野蛮生长在“闯出新天地”的美好梦想之外，更有“突然死亡”的可能。

同样面对一道道崭新考题的还有监管。包容审慎的监管曾经保护了中国互联网产业的创新热情。“也就是‘先发展，后规范’。比如网约车的政策框架《网络预约出租汽车经营服务管理暂行办法》出台于2016年，是网络预约出租汽车发展到一定规模之后才出台的。《电子商务法》也是在电子商务产业相当成熟后才出台的。”李勇坚说，随着线上对线下诸领域的深层次介入，如何考虑政策引导和依法管理并举、经济效益和社会效益并重，化解网络风险，保护公众利益，同样是政企之间良性互动的根本。“监管部门需要准确把握行业的动向，根据行业发展，及时建立起科学弹性的政策评估框架，也要学会采用先进技术参与监管，比如以大数据来支撑监管决策。”

线上线下融合的高歌猛进，让来自中国的技术与模式创新向发展中国家辐射，也在带动发达国家市场的发展与创新。在马来西亚，杭州通过大数据实现的特种车辆优先调度方案被吉隆坡引入，测试显示救护车到达现场的时间缩短了48.9%；在日本，手机游戏《荒野行动》甚至在没有日文版的情况下，就以简体中文版高居苹果应用商店下载前列；在印度，最大的移动电子钱包Paytm，背后是来自蚂蚁金服的技术支撑……来自中国的创新能量开始服务全球。

## 结语

中国互联网产业的发展，其意义不仅在于讲述着一个个传奇，塑造出一个个明星企业家，更重要的意义在亍，从 Copy To China（中国模仿）到 Kaobei From China（效法中国）的过程中，其展现出技术强大的推动力，彰显出把握消费者痛点所能获得的巨大回报，以及与传统产业深度融合所激发出的蓬勃生命力。

回眸中国互联网 20 多年发展之路，再向前看，我们坚信，未来已来，未来还将更加精彩。

# 蓝天追梦

## ——记中国国产大飞机研制

经济日报 · 中国经济网记者 李治国

国产大型客机 C919

## 编者按

一架大型客机，需要线缆近千根、导管两三千根、管线近百公里，零部件总数达数百万个。而要把海量零部件按照复杂结构“组合”在一起并安全飞行五六万个小时，更是顶级考验。正因为如此，大飞机制造被称为“现代工业的王冠”和“大国标配”，检验着一个国家的人才水平、工业水平、科技水平和综合管理水平。

党的十八大以来，随着“中国航空三剑客”——大型客机 C919、大型运输机运 -20、水陆两栖飞机 AG600 相继亮相，中国人的国产大飞机梦从来没有像现在这般真切、真实。

“我们一定要有自己的大飞机”，这是党和人民的殷殷期盼，更是几代中国航空人的心愿。从 1970 年“708 工程”启动至今近 50 年里，中国大飞机研制走过了一段艰难、坎坷、曲折的历程，也迎来了“而今迈步从头越”的新征程。

2018 年 7 月 17 日，第 51 届范堡罗航展上，参展的中国商飞公司团队信心满怀，意气风发。他们有理由为此骄傲——

自 2016 年 6 月 28 日至今，ARJ21 新支线客机投入商业运营执飞 8 条航线，通航城市已达 13 个，载客量突破 10 万人次，ARJ21-700 飞机订单数达 473 架；

C919 大型客机国内外购机协议用户达到 28 家，订单总数达到 815 架。第二架国产 C919 大型客机于 2018 年 7 月 12 日顺利完成首次空中远距离转场飞行；

CR929 远程宽体客机已经转入初步设计阶段……

他们永远记得 4 年前的那一天。2014 年 5 月 23 日，习近平总书记来到中国商用飞机有限责任公司研发中心考察。他登上我国自主研制的 C919 大型客机展示样机，坐在驾驶舱主驾驶的座位上，详细了解速度表、高度表、航迹图等有关仪器仪表情况。面对闻讯赶来的航空科研人员，习近平总书记勉励大家说：“我们要做一个强国，就一定要把装备制造业搞上去，把大飞机搞上去，起带动作用、标志性作用。中国是最大的飞机市场，过去有人说造不如买、买不如租，这个逻辑要倒过来，要花更多资金来研发、制造自己的大飞机。我们一定要有自己的大飞机。”

“我们一定要有自己的大飞机！”一句话凝结着多少悲壮、多少豪迈、多少奋斗——曾有数个机型在有望获得重大突破时戛然而止，无数人的心血付之东流；虽然历经重重坎坷，国产大飞机路径却越来越清晰；无数中国人念兹在兹的大飞机梦，如今已触手可及……

## 我们曾离梦想如此之近

“鹏之徙于南冥也，水击三千里，抟扶摇而上者九万里”。2000多年前，先哲畅想的画面，在2017年5月5日下午，变成了现实。当日，我国首款拥有自主知识产权、具备国际主流水准的干线飞机C919，在上海浦东国际机场成功首飞。

随着飞机腾空而起，飞入云霄，观看的人群沸腾了，他们跳跃着，欢笑着，呐喊着。人群中，有一位白发苍苍的老者。他衣着笔挺，拄着拐杖，脱帽肃立，嘴角上扬，与人们一起挥着手。他，就是“运－10”飞机的副总设计师程不时。今年已经88岁的程老，尽管走路已颤颤巍巍，出门必须拄着拐杖，但说起跟航空有关的人和事，他思维清晰，语速加快。

“抗日战争时期，我在广西桂林逃难，亲眼看见日本帝国主义的飞机在中华大地上空狂轰滥炸、横行肆虐，造成死伤无数。从那时起，我就暗下决心，立志设计出中国自己的大飞机！”幼时在心中萌芽的梦想，程不时追求了一生。1951年，他从清华大学航空系毕业，恰逢新中国建立航空工业机构，他由此开启了与国产飞机的不解之缘。他参加过沈阳飞机厂、沈阳发动机厂、哈尔滨飞机厂的设计；参与了我国第一架喷气式歼击教练机“歼教1”、第一架喷气式超音速歼击机等飞机的设计。“可是，直到20世纪60年代，中国都没有一架完全自主设计制造的喷气式飞机，所以当时有国外记者讽刺说，‘中国是一只没有翅膀的鹰’。当时听到这话，我的心被深深刺痛了。”回忆当年，程不时依然耿耿于怀。

其实，自1970年搞国产大飞机的“708工程”启动以来，我国有着多种停留在顶层设计阶段的商用飞机发展方案。在众多方案中，有一个至今被时时提及，那便是“运－10”。

20世纪70年代初，一大批年轻人抱着“一定要让中国大飞机翱翔蓝天”的决心，参加了我国第一架大型民用客机——“运－10”的研制工作。“我就是因为这个项目，举家搬到上海的。当时条件不好，我们借用一个废弃的候机楼作为设计室，用夹板隔了几个空间。这一借，就是 20 年。”苦和累，并没有吓退程不时和他们这群心怀梦想的人们。他们心里想的，就是怎么早点把飞机造出来。

十年磨一剑。1980 年 9 月 26 日，寄托了众人期望的“运 –10”在上海大场机场成功首飞。那一刻，一种油然而生的成就感和幸福感，充盈着这群蓝天志士的胸腔。

美国波音 747 总设计师乔・萨特在他的回忆录《未了的传奇》中，曾经描述过他见到“运 –10”的情景。他写道：“1980 年我们到中国专门参观了仿制波音 707 设计生产的‘运 –10’飞机。当时有超过 50 个中国工程师和政府官员陪同我们一起参观。后来我们登上了飞机并进入驾驶舱参观……我发现飞机操纵系统的摩擦力太大，并建议他们对比一下中国航空公司正在使用的 707 飞机的操纵感……”

令人扼腕的是，在“运 –10”飞机研制启动的 15 年后，也就是在

1980 年，首飞的“运 –10”准备降落上海大场机场

中国的商用飞机与美国波音、法国空客快要站在同一起跑线的时候，研制工作却戛然而止。

原上海飞机设计研究所总设计师吴兴世无比惋惜地说："可以说，'运 –10'飞机的研制，打开了中国商用飞机产业发展的'三条金光大道'——以'运 –10'飞机为平台，向大型远程商月飞机、大型军用特种飞机、中短程商用飞机方向发展。这种'一个平台、军民融合、系列发展'的模式，符合世界各国商用飞机发展的普遍规律。当年，美国麦道公司的一位副总裁曾直言不讳地表示，如果有'运 –10'飞机，麦道飞机就不能顺利进入中国市场……"

如今，这架曾经飞跃祖国千山万水的"运 –10"飞机，停放在中国商飞在浦东的厂区内，但它是一个标志，也代表了一段历史。人们每每看到它，就会想起那段中国国产大飞机艰难、曲折的探索岁月。

我们曾离大飞机如此之近。假如，当年在"运 –10"飞机研制遇到困难之时，能够调整产品方向将其转型为军品；又或者，当时的科研人员能找到一条新的突破路径，那么，中国人将有可能改写世界航空史。然而历史不能假设，历史总有遗憾。幸运的是，中国人对国产大飞机的梦想，并未因此而断。

## 擦干眼泪再出发

"运 –10"下马后，中国航空人虽一直未停止探索的脚步，但商用飞机研制却迎来了一个低潮。原中国航空工业部和麦道公司联合探索过"MD90–30"商用飞机的研制；与德国 MBB（梅塞施密特 – 伯尔科 – 布洛姆）公司探索"MPC–75"研制；与空客公司探索 AE–100（亚洲快车 100）项目……然而所有探索最终都搁浅了，"干支之争"（研制干线飞机还是支线飞机）、"到底是买飞机为主还是自主研制为主"等

曾在中国组装的 MD-82 飞机

口水战则此起彼伏。

事业按下暂停键，最大的后果是人才的大量流失。1996 年，无论对上海飞机设计研究所还是西安飞机设计研究所的每个人而言，都不是一个轻松的年份。那一年，他们几乎陷入绝境，连职工工资发放都成了问题。在西安阎良，西安飞机设计研究所为了完整保留设计队伍，曾实行半天工作制，把所里节约下的能源经费作为工资发给职工。当时，就连阎良当地经营蔬菜的小商贩都抱怨说，“不研制飞机了，我们的菜价也上不去了”。也就是在 1996 年，商用飞机设计人员开始大量的流失，有的去研制汽车了，有的去研制游乐场的摩天轮了，而这种人才失血现象一直到 2007 年才彻底停止，长达 10 年之久的人才流失使中国商用飞机设计力量元气大伤。

1998 年，“AE-100”项目解散之际，参加过 MPC-75 和 AE-100 项目的航空科研人员在北京告别，面对大飞机未卜的前程，在一场痛饮后，几十个铁骨铮铮的男儿，在星空下掩面痛哭，相拥告别。在那个就要迎来新世纪的日子里，他们向国人发出一个“世纪之问”：祖国的蓝天上，怎么就飞不起来中国自己的商用大飞机？

然而，历史往往在最低谷时发生转折。1998 年 3 月，刘积斌出任第一任国防科工委主任之后，开始按中央的部署，思考和酝酿中国民机的发展之路。1999 年 6 月，在历经 13 次修改之后，《关于我国民用飞机发展思路的报告》终于完稿，整个报告只有一个重点，那就是发展新型支线客机。由此，发展新型支线客机的萌芽，再一次顽强地生长了出来。

进入新世纪，中国大飞机的曙光再次出现。2001 年 8 月 20 日，中国航空工业第一集团公司向国防科工委上报了《关于新型涡扇支线飞机项目立项的请示》；2002 年 1 月 16 日，国家发展计划委员会对民机研制程序、发展途径、研制经费、组织结构、运作模式和市场等有关问题提出意见；2 月 19 日，国防科工委就新支线客机立项问题致函国家发展计划委员会；2002 年 6 月 14 日，国家发展计划委员会正式批准新支线飞机项目立项。ARJ21 项目正式诞生。

ARJ21，英文全称是“Advanced Regional Jet for 21st Century”，意思是“21 世纪新一代支线喷气式客机”。ARJ21-700 是该客机系列的基本型飞机。随着 ARJ21 的正式立项，中国商用飞机人终于摒弃纷争，擦干眼泪，吹响了向国产大飞机攻坚的冲锋号。

同以往夭折的商用飞机项目相比，ARJ21 有三个鲜明变化：发展思路坚持“以我为主”，按照“主制造商—供应商”模式研制生产。总装、交付、客户培训和服务基地设在上海；运作机制和管理模式市场化，实行国家、地方和企事业单位“共同投资、共担风险”；坚定以市场需求为导向，以满足国内市场需求为主，积极开拓国际市场，充分利用航空工业的优势，开展全国大协作。

中国民机的发展思路，从未如此清晰。正如国外观察家所说，中国正在凭借 ARJ21-700 飞机，学习如何研制、销售和提供产品支持等一系列现代商用飞机发展的理念与手段。40 年来，他们从来没有放弃过这种追求与努力。

ARJ21 立项前后，争议不断，从“干线飞机与支线飞机之争”到“对外合作与自主研制之争”，以及飞机制造基地选址过程中，该选择西安还是选择上海的“东西之争”，都让我国的民用大飞机事业充满了各种不确定性。然而，我国民机人从不缺少执着精神和使命意识。“一定要让中国人自己的飞机飞起来”，是他们超越纷争，无畏前行的力量之源。

## “没想到你们的飞机，飞起来了”

一万年太久，只争朝夕。几乎在 ARJ21 项目获批的同时，全球各大航空公司也吹响了进入中国市场的冲锋号。世界各大飞机制造商纷纷找寻中国飞机制造企业、航空运输企业、地方政府以及地方企业，作为开展支线客机项目的跳板。他们的目的只有一个：争夺中国支线客机市场份额。

所谓支线客机，通常是指 100 座级以下的小型旅客机，主要用于大城市与中小城市之间的旅客运输。在 21 世纪初，支线飞机已经成为商用飞机领域竞争的焦点。来自家门口的压力，让 ARJ21 研制团队夜不能寐。面对日趋激烈的市场争夺，ARJ21 飞机必须具备超越对手的优势，代表国家实力参与世界竞争。

2012 年，记者曾去过素有“中国西雅图”之称的西安阎良，在中国飞行试验研究院的停机库，看到了当时正在研制中的 ARJ21–700。它有 33.464 米长，8.442 米高，尾巴两侧各挂着一个发动机。记者被破例允许登机，并走进驾驶舱，只见诸多红绿仪表盘令人眼花缭乱。中国飞行试验研究院副院长、首席试飞员赵鹏告诉记者，这些操作设备看起

ARJ21-700

来复杂无比，其实ARJ21-700驾驶舱相当简洁，自动化程度非常高，因为它经过整个系统化集成，操纵程序简单，不少机型需要机组成员5个人，而它只需要2个人。

在ARJ21项目总指挥罗荣怀看来，ARJ21-700的系统集成能力正是自主创新能力的体现。谈及此，罗荣怀颇为感慨，在近40年的探索里，民机制造蹚出了一条“主制造商—供应商”的研制模式。

罗荣怀解释说，一架完整的ARJ21-700要由几万个零部件组合而成，在全球范围内生产和组装任何一种产品，其复杂程度都无法与商用飞机相提并论。即使ARJ21-700选择了19家国际知名系统供应商，动力系统是通用电器飞机发动机公司的、航电系统是罗克韦尔柯林斯公司的、飞行控制系统是霍尼维尔宇航公司的、燃油和液压系统是派克哈尼芬公司的，但它依然是中国首架拥有自主知识产权的新型支线客机。原因就在于，飞机的市场选择、整体设计、性能指标、机型结构、系列化发展以及未来的市场开拓等一系列关键性问题的制定，都要由中方决策，特别是对于机械系统来说，真正的高科技含量是系统集成。ARJ21-700 的系统集成正是我国拥有自主知识产权的体现，中国商飞作为主制造商，是 ARJ21-700 支线飞机 TC（型号合格证）和 PC（生产许可证）的真正持有者。

唯一不同的是，在整个 ARJ21 项目中，中国飞机制造商的身份从长期的航空零部件供应商变成了系统主制造商，由配角变成主角。在 ARJ21-700 的产业链条上，19 家成品系统供应商是按照“风险共担、利益共享、确保项目成功”的原则参与项目。这一商业模式的创新，标志着中国商用飞机研发理念正在发生着深刻的变化，原有的“自主研制”与“国际合作”的理念得到了全新突破，具有了新的内涵。正如波音公司总裁费尔·康迪特所说，波音的“核心竞争力”定义为“成功地成为一个大规模的系统集成商”。

正是在这一模式下，ARJ21 项目披荆斩棘迅速推进：2006 年 9 月 9 日，ARJ21-700 飞机首架前机身部件正式交付；2007 年 12 月 21 日，总装下线；2008 年 11 月 28 日，成功首飞；2012 年 2 月 13 日，进入局方审定试飞阶段。

赵鹏还记得 ARJ21-700 支线飞机首飞成功之后，他和同事带着首飞录像前往美国联邦航空局向美国同行展示，并申请美国适航认证时的情景。他告诉记者，当时在场的美国同行看了录像之后，沉默许久，然后说了一句：“没想到你们的飞机，真的飞起来了！”

应该强调的是，从技术成功到研制模式成功，ARJ21 走过了一条艰难曲折的探索之路。这为 C919 大型客机的成功研制提供了完整的经验。如今，C919 项目在“主制造商—供应商”的飞机研制模式下顺利推进，正是 ARJ21 项目成功的延续。

2016年国庆节期间，C919大型客机主题花坛在长安街上展出

关于ARJ21和C919是不是自主创新的问题，一直争议不断。直到2017年5月，C919实现首飞，不少人仍然认为ARJ21和C919供应商来自世界各国，中国“只是造了个壳”。其实，ARJ21和C919的自主创新首先体现在总体方案自主设计，没有任何外国企业涉足。其次体现在气动设计自主完成，自行组织计算机模拟和风洞试验，从机体试验到制造全部自主完成。波音民用飞机集团副总裁卡罗琳·科维曾说：“如果人们都可以把买来的零部件组装并让它飞起来，全球就不会只有两家大飞机制造商了。”

## 实验成功了，他们却哭了

2008年5月11日，中国商用飞机有限责任公司在上海挂牌。从那时起，ARJ21 的适航取证、C919 的研制等一系列重担，全部落在了刚刚成立的中国商用飞机有限责任公司身上。

从事商用飞机研制的人都知道这么一句话：“研制什么飞机要听市场的，如何研制飞机要听适航的。”适航是适航性的简称，世界航空领域的每一名飞机设计师都不敢小觑适航条款的重要性，以及航空产品获得型号合格证的艰难程度。

ARJ21 的适航取证过程充满了挑战性，只有通过一系列考核之后，ARJ21 飞机才能正式成为中国第一款具备航线运营资质的喷气式支线客机。

对于 ARJ21–700 副总设计师辛旭东来说，试飞取证阶段的创新难题一点也不亚于飞机设计以及制造、总装阶段。比如，ARJ21–700 需要通过一项“发动机短舱防冰系统地面试验”，然而国内没有可以进行这项试验的设备，国外的设备无法进口，只能自己摸索。辛旭东和他的团队仅用半年时间就攻克了这一项难关。

然而不是每一次试验，都这样顺利。2009 年 12 月 1 日进行的“ARJ21–700 飞机全机稳定俯仰（2.5g）极限载荷静力试验”（简称 2.5g 试验），几乎就是中国民机人的一次灾难记忆。2009 年 11 月 29 日，ARJ21 项目总指挥罗荣怀提前两天从上海赶到西安阎良，他知道，如果试验顺利，受此项试验限制的 24 项试飞科目都将陆续展开。然而，就是这样一次关键性的经典试验却失败了，ARJ21 项目遭到了前所未有的质疑。

此后的日子里，很多人都记得，飞机设计师郭伟毅几乎成了“野人”，头发长得令人认不出他。2009 年 12 月，整整一个月，他几乎没有离开驻地宾馆一步。一个月后，2.5g 试验项目组迎来了第一轮调查结果，初步找到了漏算的关键数据；5 个月后，2.5g 试验的第二次试验准备就绪。

2010 年 6 月 28 日 17 时，雷鸣般的掌声在静力试验场地响起，试验终于成功了。国务院领导打来电话表示祝贺，并慰问现场的同志们。

罗荣怀已经记不清自己拥抱了多少试验人员，很多人相拥着失声痛哭，即使在ARJ21首飞的时候，都没有这样忘情地痛哭过……这一刻，所有的质疑都被打破。

时隔8年后的2018年7月12日，C919大型客机全机2.5g机动平衡工况极限载荷静力试验在航空工业强度所上海分部取得圆满成功。随着极限载荷（150%）的加载并保载3秒，C919大型客机10001架静力试验机翼尖变形接近3米，变形和应变符合分析预期，机体结构满足承载要求。

这一次，成功显得那么顺理成章。这一次，中国商飞的设计师们，笑得那么从容自信。

通往成功的道路，从来就没有一帆风顺。对航空人而言，承担风险，接受挑战，一往无前，则是必须具备的高尚品格。正是这种品格，让中国民机人生出了最尖利的牙齿，能够啃下最硬的骨头。

## 云端上的挑战

2012年2月13日到14日，中国民用航空局在上海召开ARJ21-700飞机型号合格审定委员会（TCB）会议，在TCB委员、美国联邦航空局（FAA）“影子审查组”以及申请方主要领导的见证下，ARJ21-700飞机型号合格审定审查组组长吴坚签发了ARJ21-700飞机101至104四架试飞飞机的型号检查核准书（TIA）。

TIA的签发，标志着ARJ21-700飞机全面进入由局方开展的型号合格审定试飞阶段。

型号合格审定试飞，又是一轮严酷的考验。为了获得在各种极端严酷条件下的飞行性能和系统工作特性，试验队坚守在零下43.2摄氏度的呼伦贝尔海拉尔机场挖冰斗雪；在零上55摄氏度的长沙大托铺机场追逐烈日……

由于ARJ21-700飞机所采用的审定基础是目前国际上最新的适航标准，几乎每一天，无论是申请人试飞团队还是局方试飞团队都在用生命书写中国民机历史上“零的突破”，填补中国商用飞机适航审定试飞技术的空白，也为中国商用飞机试飞以及适航审定体系的完善与发展留下了历史记录。

作为试飞员，为了测试飞机的性能指标，一生虽经历成千上万次的起飞与着陆，但是总会有那么一两次特殊的飞行，让他们终生难忘。

在首席试飞员赵鹏看来，在ARJ21-700飞机所有的试飞科目中，风险最高的科目应该是地面最小操纵速度，而试飞难度最大的应该是最小离地速度。最小离地速度就是指飞机不呈现任何危险特性，能够在离地后继续起飞的最小速度，是运输类飞机起飞极限性能达到的速度。这一测试对运输类飞机起飞速度制定和起飞安全性评估极具价值。

“手上多一分力，就会擦伤飞机的尾椎；而少一分力，就不能达到考核要求，所以国际上能够完成最小离地速度试飞的试飞员超不过10个。即使是经验丰富的空客A380飞机试飞团队，在进行这项试飞的时候，也遇到了最糟糕的局面，A380飞机的尾椎被擦坏了，耽误了整个项目的进度。”赵鹏说：“那时所有人都摇着头告诉我，这是不可能完成的任务。”

不是缺少技术，而是缺少自信，但是自信并非是盲目的。赵鹏和他的团队为了完成这一测试，进行了周密的准备。

2013年5月9日，赵鹏作为中国民用航空局（CAAC）方试飞员与申请人试飞员赵生进行了中国首例按照CCAR25适航标准执行的ARJ21-700飞机最小离地速度试飞，CAAC和FAA的代表目击了试验的全过程。

后来，赵鹏回忆这次试飞时说：“前期的动作是剧烈的，我们要让飞机剧烈地抬头，但是一旦逼近临界仰角就一定是毫厘间的修正，与其

中国商飞 -ARJ21-700 飞机正在进行最小离地速度试验试飞

说是我们看得准，不如说是感觉得准，只要‘刮’上了，就不能弹跳，要克服尾撬的回弹力。”

在试飞过程中，ARJ21-700 飞机在赵鹏的操控下，尾撬触地滑跑时的最大仰角达到了 13.8 度，保持尾撬擦地姿态 16 秒，飞机时刻面临冲出跑道的危险，在距离跑道 200 米时起飞离地。

“这是一次杰出的试飞。”FAA 审查代表看着磨损的尾撬和完美的试验数据，发出了由衷的赞叹。

赵鹏曾这样说，他们从来没有在意自己是否会在这场远征中获得满分，但是他们注定是完成这场远征的探路者。或许等到 ARJ21-700 飞机组成编队飞行的时候，就是国产商用飞机进入商用航空时代的时候。为了那一天，还会有无数像赵鹏这样的先行者，将会继续挑战一个又一个不可能，创造一个又一个奇迹。

## 记下幸福喜悦的一刻

2014 年 12 月 30 日是中国商用飞机发展史上具有里程碑意义的一天。这一天，时任中国商飞公司董事长金壮龙，从时任中国民航局局长李家祥手中接过了我国自主研制的喷气客机首张型号合格证——ARJ21-700 飞机型号合格证。中国民机产业在经历了近半个世纪的上下求索、艰难前行后，终于迎来了破茧成蝶、腾空而起的历史性时刻。

时间回到那具有历史意义的一刻——2014 年 12 月 26 日 19 时，在位于北京城北的一个会议室里，中国民用航空局支线飞机项目审查组工作人员，正在就ARJ21-700 飞机召开型号合格审定最终会议。会议期间，21 名审查人员需要对已经核准的 3418 份符合性报告和 398 条适航条款进行最终确认。

冬日的北京夜晚，气温跌至零下。会场内，与会人员聚精会神，逐条逐份梳理条款报告；会场外，申请方中国商飞公司的研发团队焦急地等待着最终的“放榜成绩”。寒冷的气温抑制不住大家内心火热的期待，这其中就包括罗荣怀。这一天，他早早赶到了会场，想在第一时间听到最终的结果。

21 时 21 分，项目审查组会议结束，宣布了最终决议：中国民用航空局同意颁发 ARJ21-700 飞机型号合格证。这意味着我国首款按照国际标准自主研制的喷气支线客机在经过 12 年不懈努力后，通过中国民用航空局的适航审定，符合《中国民用航空规章》第 25 部《运输类飞机适航标准》（CCAR-25-R3）要求，具备可接受安全水平，可以参与民用航空运输活动。同时，这份决议也向世界宣告中国具备了喷气式民用运输类飞机的研制能力和适航审定能力。

决议一出，一张张焦急的脸庞瞬间充满了笑容。罗荣怀、殷时军、陈勇、蒋怀宇、沈小明……这些与 ARJ21-700 飞机一路走来的人们，再也抑制不住内心的激动与兴奋，互相拥抱、祝贺起来。也许，这样的结果早在他们的意料之中，但当这一刻真正到来的时候，仍让人感到一种巨大的震撼和幸福，会场里立刻成了一片欢乐的海洋。数载辛苦不寻常，曾经的付出，今天终于有了回报！

2014 年 12 月 30 日，是 ARJ21-700 飞机领证的大日子。一大早，在上海浦东国际机场停机坪上，红白涂装的 ARJ21 飞机整装待发，静静地等待着一批特殊乘客的到来。正值新年，上海浦东机场迎来送往的人流中洋溢着浓浓的节日气氛，旅客的目光被 ARJ21 飞机牢牢吸引，这款中国人自主研制的客机到哪都能成为焦点。

上午 10 时左右，李家祥在金壮龙的陪同下来到机场。民航局长亲自登机体验，自然成为媒体关注的焦点。在接受中央电视台采访时，李

2016 年 6 月 28 日，EU6679 航班的机组成员抵达上海虹桥机场后与迎候嘉宾在飞机旁合影。当日，由国产支线飞机 ARJ21-700 执飞的 EU6679 航班从四川成都双流机场起飞，平安抵达上海虹桥机场，标志着我国自主研制的首架喷气式支线客机 ARJ21 正式投入商业运营

家祥坦言："之所以选择在颁证当天亲自搭乘 ARJ21 从上海飞往北京，就是要以实际行动告诉世人，中国自主研制的喷气支线客机是安全的、可靠的，是中国民航局按照国际标准进行审定的，是可以放心乘坐的！"

10 时 10 分，机舱门关闭。在一阵轰鸣声中，ARJ21 腾空而起，穿越晴空，朝着祖国首都进发。飞行途中，机舱里洋溢着满满的喜悦与幸福。除了李家祥、金壮龙之外，随机前往北京的还有罗荣怀、赵鹏、局方试飞员赵志强以及 ARJ21 项目总设计师团队和试飞员团队。他们中的绝大多数人并不是第一次随机飞行。但与此前的飞行不同，这一次，他们可以放松地像普通乘客那样尽情地享受 ARJ21 的舒适之旅。

12 时 09 分，ARJ21–700 飞机稳稳地降落在北京首都国际机场。15 时许，简单而隆重的颁证仪式正式开始。仪式现场座无虚席，媒体记者们的"长枪短炮"挤满了主席台两侧，所有人都凝神屏气，按捺着内心的喜悦，要亲眼见证这中国民机史上具有里程碑意义的一刻。

当金壮龙从李家祥手里接过那张金灿灿、沉甸甸的证书时，全场掌声雷动，久久不息。金壮龙，这位一向表现得十分沉稳的中国商飞掌门人，激动地将证书高举过头顶，久久不愿放下。许多人的眼眶都红了，他们中的很多人，都是 12 年来陪着 ARJ21 一路走来的参研参试人员，其中的艰辛、困苦、成功，也许他们体会最深。

中国民机产业在经历了近半个世纪的徘徊不前后，终于迎来了新的时代。"运 -10"飞机曾经成功从上海转场北京。后来由于种种原因，"运 -10"项目最终下马，一代航空人的"大飞机梦"中断了。如今，ARJ21 专程从上海飞往北京领取型号合格证，可以说圆了老一辈航空人的梦想。

## 向着商业成功飞去

ARJ21 拿到了适航证，表明在技术上和生产模式上，取得了初步成功。那么，商业成功又如何实现呢？国产民机的商业成功，从某种程度上来说，比技术成功和研制模式成功更为艰难。

可以说，专门为适应中国航线而设计的 ARJ21–700 飞机，是否能受到中国航空公司的青睐，使他们能真正接受国产的商用飞机，成为 ARJ21–700 飞机获得成功的关键一步。

原中航商用飞机有限公司总经理汤小平一直工作在对外合作项目谈判的前沿，经历过中国商用飞机发展全过程。“中国始终没有一个能够真正进入市场竞争的飞机项目，而最令我痛苦的是，来自于国内的航空公司，乃至国际市场对中国飞机制造商能力的不信任。”汤小平说。

可以说，确定一架飞机的设计方案并不难，但是，说服国内航空公司真心愿意购买并且使用 ARJ21 飞机是摆在面前最大的困难。一直以来，这个问题都是发展中国民用航空工业最迫切需要解决的问题。

ARJ21 飞机的初始启动用户在哪里？汤小平他们开始寻找。

2001 年 3 月，汤小平带着 ARJ21 飞机的介绍资料，对依靠国产“运 –7”飞机起家的四川航空公司进行了首次走访，他们诚心诚意地向客户求教“什么样的飞机会为你们带来利润？”他们努力地向四川航空公司表示：“ARJ21–700 飞机的确是具有市场价值的好飞机！”

然而，包括川航在内的许多航空公司都在询问一些类似的问题：ARJ21 飞机有客户支援体系吗？飞机价格里包括飞行员培训吗？飞机的维护系统建立了吗？这些问题让当时的汤小平不知该如何回答。

实际上，直到 2007 年 12 月 21 日，位于上海闵行区紫竹科技园的原中航商用飞机有限公司客户支援中心才正式落成，建筑面积超过两万平方米。一年之后的 2008 年 6 月 12 日，刚刚成立的中国商飞公司正式启动客服公司组建工作。如今 10 年过去，中国商飞客户服务中心在

C919 首飞前，在为机组培训、飞行操作手册编制、地面支援设备研制等方面已做了大量卓有成效的工作，“服务”与飞机一道成为主制造商的产品。

这一系列成果的取得，最早就得益于当年各家航空公司那些实实在在的问题和建议。也就是在一次次碰撞交流中，各家航空公司对 ARJ21 飞机的态度，逐渐从怀疑、犹豫转变为期待和信任，ARJ21 飞机的启动用户也浮出水面。

2003 年 9 月 17 日，在第十届北京国际航空展览会上，AVIC-1 正式与山东航空股份有限公司、深圳金融租赁有限公司、上海航空股份有限公司签署启动用户协议，3 家启动用户共购置 35 架 ARJ21-700 飞机。

“真诚是可以打动客户的。当我们详细地向航空公司介绍，我们将怎样做到比以前更好的时候，一切都发生了改变。最终，我们拿到了订单。”汤小平说，“我们坚定地相信，ARJ21-700 飞机将是真正能够满足未来市场需求的飞机”。

在确立启动用户的 12 年后，2015 年 11 月 8 日，在历经 13 个月的培训与测试之后，中国商飞上海飞机客户服务公司总经理徐庆宏为参加 ARJ21-700 飞机 T5 测试的飞行员颁发了训练合格证，这意味着 ARJ21-700 飞机拥有了全球首批获得执照的航线飞行员。随后，ARJ21-700 飞机 FSB（飞行标准委员会）主席韦达宣布：“ARJ21，可以起飞！”

韦达才长出一口气，因为他知道，直到此刻，ARJ21-700 飞机自立项以来的 13 年研制之路，才算画上了圆满的句号，国产民机商业航空时代真正来临了！

在 ARJ21-700 的飞行员拿到训练合格证的 6 天前，2015 年 11 月 2 日，C919 大型客机首架机在上海浦东基地正式总装下线，这标志着 C919 首架机的机体大部段对接和机载系统安装工作正式完成，同时，标志着 C919 大型客机项目工程发展阶段研制取得了阶段性成果，为下

2015 年 11 月 2 日，C919 大型客机首架机总装下线

一步首飞奠定了坚实基础。C919 正沿着 ARJ21 铺就的发展跑道加速前进。

在 ARJ21-700 的飞行员拿到训练合格证的 21 天后，2015 年 11 月 29 日，中国商飞公司向全球首家用户——成都航空，交付了首架国产喷气式支线客机 ARJ21-700。

技术攻关和生产模式的成功，对一款商用飞机而言，只是站在了成功的半山腰。如何说服国内航空公司真心愿意购买并且使用 ARJ21 飞机，则是摆在民机人面前最现实、最迫切的问题。可喜的是，ARJ21-700 在遵循市场规律、寻求合作共赢的基础上，拿到了多个订单。

## 传奇继续

从 2003 年 9 月 25 日 ARJ21 飞机型号合格审定会议算起，到 2015 年 11 月 29 日正式交付航空公司，12 年零两个月，ARJ21 给我们留下了这样一组数据：52 项极端气象条件试验试飞，54 项美国联邦航空局“影子审查”，398 条适航审定适用条款，3418 份符合性验证报告，8220 次失速试飞，30748 公里环球试飞……从立项、设计到试制、试飞再到生产、交付，几乎每一步都是中国民用航空工业的第一次。

从 ARJ21 项目到 C919 项目，中国飞机制造商的身份从长期的航空零部件供应商变成了主制造商。在 C919 飞机制造的产业链条上，中国商飞与各个供应商结成“生命共同体”，组建了 16 家合资企业，按照“风险共担、利益共享、确保项目成功”的原则参与项目。这一商业模式的创新，标志着中国商用飞机研发理念正在发生深刻变化，原有的“自主研制”与“国际合作”的理念得到了全新突破。

从 ARJ21 项目到 C919 项目，中国商用飞机也在推动整个工业体系实现一次全新起飞。据统计，在 C919 研制中，研制人员共规划了 102 项关键技术攻关；先进材料首次在国产民机大规模应用；国内 22 个省市、200 多家企业、36 所高校、数十万产业人员参与研制……C919 推动了我国工业技术进步，也推动了我国工业材料领域的革命。

从 ARJ21 项目到 C919 项目，是一部波澜壮阔的中国大飞机创业史，无论是针对争夺航空市场的博弈，还是国家寻找新的产业支撑的决策；无论是技术上的突破，还是工业化的思维，这个项目都将深深地影响每一个人，都将在飞机制造强国建设征程中写下重重一笔。

新一任中国商飞董事长贺东风表示，展望未来，把大型客机项目建设成为新时期改革开放的标志性工程和建设创新型国家的标志性工程，把中国商飞公司建设成为国际一流航空企业的使命光荣迫切；“跨过成长期，进入成熟期，迈向世界一流”的任务艰巨漫长。作为中国大飞机主制造商的中国商飞还将面临技术资金风险、需求风险、安全风险、竞争风险、可持续发展的风险，跨过成长期、进入成熟期的发展之路充满荆棘和挑战。

中国商用飞机人从来不惧挑战，按照规划，到2035年，中国商飞公司将进入世界主制造商第一方队，形成支线飞机、中短程窄体客机、中远程宽体客机、远程宽体客机基本型及衍生型的产品群，满足全球客户多产品多用途需要，形成年交付飞机200架以上的能力。

这样一份光荣与梦想，属于过去、现在和将来的所有中国航空人。凡是过往，皆为序章，中国航空人的新时代传奇将继续书写在天空之上。

2017年5月5日C919首飞成功后总设计师吴光辉（前排中）在登机门热烈欢呼

中国商用飞机的发展之路波澜起伏，艰辛曲折。曾经承载着大飞机梦想的“运-10”飞机如今仍静静地矗立在中国商飞公司的新厂区内，飞机前面立了一尊雕塑，上书“永不放弃”四个字，表达了中国商用飞机人对国产大飞机的一往情深，表达了对研发“运-10”飞机前辈崇高的敬意。

## 结语

改革开放40年来，我国经济社会发展走过了不平凡的光辉历程，取得了举世瞩目的历史性成就，实现了前所未有的历史性变革。所有这一切离不开党的坚强领导，凝聚着各行各业无数精英与人民群众的艰苦奋斗和奉献牺牲。中国国产大飞机的成功研制就是这一波澜壮阔历程的一个缩影。几代中国民机人的艰苦探索和取得的辉煌成就表明，艰难困苦，玉汝于成。只要我们永葆在不断迎接挑战、克服困难中向前迈进的精神和勇气，就一定能够实现中华民族伟大复兴的中国梦。

中国国产大飞机的研制也让我们清醒地认识到，与大飞机一样，我们在许多领域和国际先进水平还有差距，与大飞机事业一样，才刚刚起步。前方的路还很长，还很艰险，但只要我们一以贯之、锲而不舍，就一定能迎头赶上。